情緒停·看·聽

精神科醫生教你強大情緒力，
化解壓力帶來的身心傷害

郭信麟——著

《情緒的逆襲》全新封面版

目錄

基礎篇：情緒運作的身心原理—為什麼心情不好就足以毀了你 01

第一章 情緒問題不會自然消失，而且有時真的很致命！ 02

● 情緒問題會困擾你嗎？ 03
● 你的情緒生病了，還是只是心情不好？ 05
● 情緒問題不是「想開一點」就能解決 08
● 隨時自我檢測，別讓鬱卒變成病 10

案例一 莫名的挫折與失落感，甚至覺得自己無用、開始失眠，我是不是生病了？ 12

案例二 講到錢就淚如雨下，聽到電話響就害怕⋯，不是精神有問題，原來是身體出狀況了！ 15

第二章　情緒的生理結構—你為什麼會自找麻煩生出情緒疾患？ **18**
- 情緒從何而來？ 19
- 焦慮與憂鬱相關的（偽）大腦結構 21
- 情緒生病了原來都是大腦惹的禍 24
- 情緒疾患如何診斷 27
- 你是情緒疾患的高危險群嗎？ 30

案例一　情緒突然失控、自言自語、不識家人……，難道是毒品戒斷症狀？ 32

第三章　誰說心病只能心藥醫，藥物、食物及運動對情緒很有幫助 **38**
- 心病吃藥真的有用嗎？ 40
- 說中文的族群，都有種天然對西藥的的恐懼 43
- 認識情緒用藥 45
- 該不該吃藥？藥要怎麼吃才對？ 48
- 情緒用藥會上癮？「藥」吃一輩子？ 53
- 動一動，壞情緒 bye bye！ 55
- 吃對了，讓你每天都有好心情 58

案例一　慢性壓力既傷身也傷神，懂得釋放才是根本之道 60

案例二 適當使用藥物，如可緩解症狀、改善情緒，何樂而不為？ 63

實戰篇：生活中的負向情緒與其影響 71

第四章 失眠—我怎麼努力睡都睡不著！ 72
案例一 一整晚翻來覆去就是睡不著，而且不管怎麼睡都睡不飽！ 72
案例二 打工、熬夜趕報告，明明就很累，晚上卻總是睡不好！ 73
案例三 為什麼我吃了藥還是睡不著？ 74
● 情緒決定你的睡眠品質 75
● 案例解析 87

第五章 酒精—為什麼我越喝越鬱卒？ 94
案例一 喝酒不是可以放鬆，怎麼我越喝越多，而且情緒越來越失控？ 94
案例二 小心喝酒上癮，不僅賠了健康，也傷害家人 96
● 喝酒不能解決情緒問題 98
● 案例解析 101

第六章　家庭關係—父母與第二對父母　106

案例一　同是出嫁女兒，為何有兩套標準？　106

案例二　難道完全依照父母的安排，才是「孝順」？　107

案例三　家人的不諒解，不能只是一昧的委曲求全　111

● 別讓家人的親密關係成為你的情緒枷鎖　112

● 案例解析　119

第七章　職場—為什麼我不能離職！　130

案例一　別再左右為難，讓自己受委屈，正視面對你的情緒　130

案例二　誰說「能者多勞」，懂得說「不」，避免情緒勒索　133

● 不要再忍氣吞聲，拒當爛好人　136

● 案例解析　146

進階篇：如何維持火熱的情緒力　155

第八章　強大自我—在改變自己的困境前，要做好的準備　156

- 正視匱乏，停止你的負面情緒 157
- 改變困境不二法門——強大自尊，愛自己 161
- 強健內在能力，找回安全感 164

第九章 身體力行—健康生活的幾個關鍵點 170

- 記錄自己的身心狀況 170
- 規律的生活 171
- 均衡的飲食 172
- 良好且持續的運動習慣 174
- 不要害怕面對自己 176

第十章 對抗「惡」人—不讓別人有意無意的用情緒勒索你 178

- 面對他人的負向情緒，該如何自處？ 179
- 順從本心並非沒有底限，甚至犧牲自己的生活 182
- 六步驟教你擺脫情緒勒索 185

結語 190

自序：掌控你的情緒，不要讓情緒掌控你

李小姐這兩年跟朋友一起投資虛擬貨幣，一開始只是抱著從眾的心情，加上看到朋友生活突然變得很優渥，多少有點羨慕，所以投入一筆不會傷筋動骨的資金。確實也如朋友所說，很快的就獲得帳面上的收益。後又在朋友的慫恿下，李小姐把自己的定存解約了，連同之前的的資金一併投入。沒想到過沒幾個月，正好遇到國際市場波動，帳面上的損失突然暴增。雖然李小姐了解投資多少都會有風險，但仍每天一直盯著市場的動態，注意自己的帳面損益，等著要殺出重圍。

從大跌當天開始，李小姐就常常會半夜突然醒來，打開手機看一下現在的市況，然後再失望的睡著。由於朋友也是損失慘重，李小姐一股氣完全發不出來，加上工作上的不順心，使得她屢次對同事大發雷霆。之後李小姐每天都心情惡劣，而且工作的

效率越來越差。

有一天，李小姐在工作上發生重大失誤，被老闆罵了一頓。走出老闆的辦公室，同事也對李小姐投以好奇的目光，但卻不敢靠近李小姐，李小姐這才驚覺，自己的生活因為此事而完全走樣。

雖然有心整頓自己的生活，可是要李小姐認賠殺出，對李小姐來說實在是無法接受的。「如果現在就賣掉的話，這幾年辛苦存下的錢要被吃掉兩三成啊。」李小姐在診間無奈的對我說。李小姐雖然認份，知道該踏實的過日子，奈何半夜還是常常會被惡夢驚醒，非得看看現在的市場行情，確定損失沒有擴大，才能安心的睡著。所以工作效率還是無法提升，反而又一次被老闆抓到在上班時打瞌睡。除了又被大罵一頓外，老闆要李小姐「好好想清楚，這份工作還想不想做下去」。

李小姐幾經思考，覺得自己目前急需解決的問題，當以睡眠為先，剩下的事情，之後再說。一開始李小姐在網路上找了很多方法，但試了一兩個禮拜後，覺得效果不彰，甚至還開始擔心自己是否得了憂鬱症。最後在朋友的推薦下，前來求助於我。

治療的過程中，除了短時間內藥物的協助外，我也不停地提醒李小姐，「目前看到的狀況尚不能稱為憂鬱症或是焦慮症，但心裡有件事情掛念著，對生活的影響總是會持續下去。或許妳可試著跟家人或朋友討論一下自己的狀況，搞不好會有別的想法。」

最後讓李小姐下定決心，決定認賠殺出的關鍵點就是母親對她的勸告。「我總算鼓起勇氣對家裡說了這件事情，沒想到父母不但沒罵我，還提醒我『要是丟掉工作，光是找工作的空窗期搞不好就比現在的損失大』」。李小姐在最後一次就診時，輕鬆的對我說。

是否覺得李小姐的情形時不時的在我們的生活中上演呢？正常人的情緒注定會受到不可控的外界事物影響，而它的影響力比相像中大很多，根據統計，有百分之十五的人患有與情緒相關的疾病（如憂鬱症或焦慮症）。因此，當你自己感到無力，或是發現朋友正被一連串衰事打擊而意志消沉時，你只告訴自己或是他「想開一點」、「認了吧」，其實引發危險的可能性遠比你想得高，忽略了情緒的風暴有時是致命的。

那要如何正確的面對情緒問題呢？有什麼方法可以幫助你或是你的朋友、家人、同事？當網路上的方法都失效了之後，又該怎麼辦呢？現代身心醫學或許可以給大家一點方向與做法。

身心醫學，是一個對大多數人來說非常陌生的科別。基於「選擇所善，善所選擇」的心情，作者自認還算認真在執業與累積知識。這幾年在協助個案面對問題上，慢慢也應對華人社會，發展出自己的治療心得與模式，此時正好廣廈集團與我的好友吳醫師提供了一個機會，讓我能夠把這些心得做個整理，試著與大眾分享。

當人在面對各種人生上的不順或困境時，會有許多負向的感受，包含憂鬱、焦慮、憤怒、痛苦等等。形諸於文字，焦慮的核心在於無法接受事物可能的負面結果，憂鬱的核心則在於強烈的無望與無助感。

本書試著讓大家瞭解當面對負向情緒時，我們會有的心理變化與應對的作法，而非僅僅說明包含憂鬱與焦慮在內的負向情緒。舉例來說，焦慮在主觀上是對事物負向預期的不希望發生，所以本質上有強烈的不確定感。但這樣的不確定感，「期待」與「希望」也都有，為何獨獨「焦慮」讓人感到痛苦？憂鬱則往往是在內心深處已經相信負向的結果將要發生，所以感到強烈的絕望。而這樣的痛苦，又該如何面對與處理？

我們或許可更進一步的假設，對於自己人生產生具有強烈不確定性的負向想像，「焦慮」就是躲避的動力，而「畏縮」就是沒有這個動力。所以焦慮跟畏縮的分別只是在能量感上的差異，也就是「行為上是否有預防或閃避的強烈動機」，但在情緒的本質上是非常類似的。而憂鬱呢，就是負向想像的不確定性消失，躲避的動力也消失，只剩下強烈的無望感和隨之而來的痛苦。若我們壓榨出強大的能量，讓我們有能力中止這個負向的想像發生，這種情緒動力就是「憤怒」。

圖1是我對於情緒產生過程的分類，在能量感強弱與情緒的連結上並沒有很精準的考究，特別是在圖的下半部正面情緒的部分，如果跟大家用詞的定義不同，請大家不妨套入自己習慣的用詞，或許可以更進一步瞭解自己的情緒。在圖的上半部對於負面情緒的形容，我相信應該是淺顯易懂，應該可以幫助大家瞭解負向情緒的形成。

憂鬱與焦慮，正好是負向情緒的兩個極端。除了負向認知需要處理外，焦慮的重點在於減低過高的能量感，也就是「緩解」。憂鬱的個案則需要協助提升能量感，也就是「強化內在」。也因此，本書提到的所有技巧可以用來提升「畏縮」與減低「憤怒」的能量感，並進一步的強化內在，端看我們怎麼使用而已。

對於大多數的專有名詞，教科書上都可查到清楚且嚴謹的說明與定義，可是坦白說，我在念書時讀到這些定義，只覺得「真是非常的拗口」，甚至懷疑「自己在念訓詁還是醫學」，常常對打開課本有所抗拒。當然，科學定義本身需要非常嚴謹的用詞，加上這些專有名詞都是一脈相連，卻又各自獨立，所以十分難念。（故圖1的情緒詞

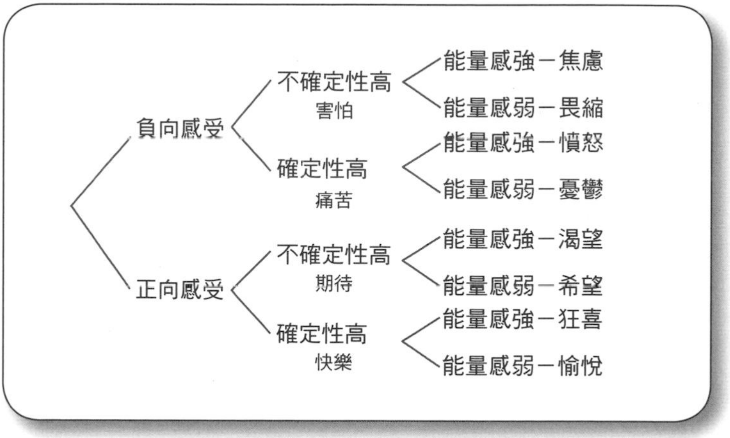

圖 1：情緒樹狀圖

資料來源：郭信麟，2019，為本書製作

語才會這麼不精準，再次向大家說聲抱歉。）

剛剛說到「一般人對於身心醫學還是非常的陌生」，事實上，這還算是保守的說法。坦白說身心醫學（或者說精神科），在台灣還是處於各式各樣的困境中，幾乎每個個案身旁都有對「求診身心醫學科」這件事情提出各種「替代方案」的親友。例如情緒持續低落，或是對自己的生活感到疑惑，就會聽到「去運動」、「別想那麼多就好」的建議；而睡眠持續出狀況的時候，甚至還會聽到「與其去找醫生開安眠藥，不如在家喝兩杯就好」的建議（在我聽來，「喝酒幫助睡眠」這句話，跟「吃肉燥飯幫助降低血脂」背後的邏輯是一樣的）。對於這些提供建議的親友來說，尋求精神科醫師的協助是走投無路之後的最後選擇（或甚至不被列入選擇）。而上述的狀況暗示，身心醫學與情緒疾患還是被大家努力的「污名化」，這牽涉到整個華人文化，在此就不多提緣由了。

常常有個案在走進診間後的第一句話就是，「我這輩子從來沒想過今天會來看這個科」。可以想見，在走進診所大門之前，這個個案是經歷了多少煎熬，才終於下定決心前來尋求協助。也因為這樣的污名化，大多數的人們並不會真的去細究相關的事物，甚至是到了不聽也不提的地步。加上網路上的中文資料非常少，內容又參差不齊，所以在日常生活中我們能獲得的相關知識，其實是很貧瘠的。

雖說每個科別治療個案的邏輯都不太一樣，甚至每位醫師的風格也都不太相同，但不管哪一科的醫師，每天都得對個案與家屬進行「病情說明」的工作。而「病情說明」就是用白話文解釋「從當醫學生開始，到之後執業的每一天都會接觸到的新舊知識」，給需要瞭解這些知識的個案，希望個案可以在比較短的時間內，先大概瞭解自己的狀況，並試著跟醫師一起決定接下來的方向與如何協助自己改變。

如果只是想要找到一些關於「憂鬱症狀」或者「焦慮症狀」的相關說法，我想大家 google 一下應該都找得到。雖然無法確定對錯與否，但總歸是「白紙黑字寫出來的定義」。但也因為是「白紙黑字」，若對相關背景一知半解，即便文字的敘述上是正確的，也很容易對文字的內容產生錯誤的認知。

例如，「我常常胃都怪怪的，吃不太下，所以每天早上都只喝一杯咖啡」，如何知道這樣主觀敘述的「吃不太下」是否符合「食慾下降」的定義？是否要先考慮其他的原因？而被老闆臭罵一頓，回到座位上摔杯子，這樣的破壞性行為要直接聯想到暴力史嗎？這些都有賴醫師在嘗試理解個案的狀況與脈絡後，結合自己的臨床經驗與知識反饋給病人，這個過程就是上面說的「病情說明」。

這本書的內容其實不妨當成是一張很大張的衛教單張，只是更詳細、更貼近醫師的「病情說明」。希望大家可以因為這本書而對憂鬱與焦慮有一些概念，進而在面對自己或他人出現憂鬱、焦慮與相關的身心變化時，可以先穩住陣腳，進而知道該如何初步的協助自己或他人，做好下一步的準備。

談到恐懼，我們重新回頭看看上面的論述。「因為知識的貧瘠，而對自我的變化有太多的陌生，進而因為此陌生帶來恐懼。」有發現嗎？不知不覺，我們就談到焦慮形成的重要背景之一：「未知」。

在治療個案的過程中，我常常會提醒個案，試著把「未知變成已知」。引用這個原則，我們可以瞭解這段論述中的脈絡為：「未知來自於知識的缺乏，進而造成焦慮」。反過來說，如果我們試著尋求更多對於焦慮的知識，而當知識形成脈絡，未知逐步變成已知，則焦慮自然就會有所緩解。因此，我在完成此書的過程中，儘可能引入一些例子，試著讓讀者產生情緒共鳴後，再解釋各種狀況形成的脈絡。以避免用字與習慣的不同，造成讀者的誤會。

本書會大量使用很多例子。我相信讀者在閱讀的過程中，會有很強的既視感*，好像這些例子就發生在自己的周遭。但事實上，大部分的例子並不是特殊個案，而是發生在你我周遭的「通例」。因為經歷的特殊性，從都會區的醫學中心、以精神科慢性病人為主的療養院、地區型的偏鄉綜合醫院，乃至於一般科的診所，我都曾經是其中的一員。也因此累積了很多「同中求異，異中求同」的心得。即便是某些很特殊的例子，我也不只在一個地方碰過類似的狀況。若大家在接下來的閱讀中，開始想像是不是自己身邊的某人，則作者現在就可以很負責任的跟大家說：「不是」，就請大家不要對號入座啦！

（註＊：既視感，法文為 Déjà vu，指的是面對某個理應初次面對的場景或事物，卻有熟悉感。）

基礎篇

情緒運作的身心原理

——為什麼心情不好就足以毀了你

第一章

情緒問題不會自然消失，而且有時真的很致命！

最近一篇研究報告表示，在美國有五％未曾生育過的女性正深受重度憂鬱所苦。你覺得這數值很高嗎？但與其他症狀較輕的憂鬱相關疾患相比較，重度憂鬱的人口盛行率並不算高。流行病學的數據也顯示，焦慮相關疾患的人口盛行率又比憂鬱相關疾患更高。引用李明濱教授的說法，「只有四十％的人無煩無惱」，所以，正在看這本書的你如果擔心，「自己真是很奇怪，別人都不會這樣」，你真的可以先放下這個想法，無需理會它。有很多人因為擔心自己跟別人不一樣，選擇隱藏自己真實的狀況，希望看到這裡的你，不管有無情緒的困擾，都可以誠實的面對自己的情緒，並學著瞭解情緒形成的過程和原因，進而不受情緒的困擾，讓自己生活得更好。

情緒問題會困擾你嗎？

據上述，為負向情緒影響生活的人其實比大多數人想像中來得多，若因此覺得「自己很奇怪，會被排斥」，而選擇把自己的情緒隱藏起來，過著所謂「正常」的生活，不僅維持得辛苦，若狀況沒有改善，反而維持得越來越吃力，最後就可能形成「貶低自我→情緒更低落→生活更受影響→更貶低自我」的惡性循環。

回顧序言部分的情緒樹狀圖，一樣是負向的想法，在我的概念中，憂鬱與憤怒僅差別在於能量感的高低。因此長年自我貶低的人，當因為某些因素而有強烈的能量感時，也可能會連帶的表現出憤怒。我們可以進一步的想像，當發生某些事情讓人確定自己的負向想像為真的時候，憤怒與痛苦會交替出現，甚至同時出現；而更別提焦慮與害怕也僅差別於能量感的強弱，也因此兩者往往會同時出現。

作者認為，每個人因為生活中的事件而產生喜怒哀樂等各種情緒，最後構成珍貴且豐富的情感。就另一方面來說，這些情緒對於身為動物的我們，具有影響生存與否的重要意義。當然，在情緒與情緒疾患之間會有一塊不是那麼明顯，且常常在變動的灰色地帶，但這不妨礙我們承認情緒的重要，並試著深入瞭解自己的情緒所為何來、因何而去。

撇開這塊灰色地帶與一般情緒的波動不談，情緒疾患有部分的概念可以借用類似糖尿病的慢性病來理解。情緒疾患的先決條件是，沒有事件引發的情緒或是按照個案的原始個性來說，某事件所誘發的情緒應該早已平復卻仍然維持，這個原因在於「大腦內分泌和神經結構」的變化與失去彈性。所以，我們如果把這種身體的因素加入思考中，則能夠影響大腦內分泌與神經結構的動作，就可以影響情緒疾患的表現。也因為概念相近，通常對糖尿病或高血壓有效的建議，都會對情緒疾患（最主的就是憂鬱與焦慮）有效，例如運動，甚至是特殊的飲食控制。但我們不會叫一個現在血糖六百 mg/dl 的病人，靠著運動去降低目前的血糖。同理，我們也不應該叫一個恐慌發作的個案去跑步就會好些，更別提「不要想那麼多就會好」了（這跟人體本身的調節機制有關；糖尿病與情緒疾患在真實的生理機制上相差很多，我們只是借用在疾病控制上的概念而已）。

如同我們若可以先一步理解有糖尿病的人需要維持規律的運動、良好的飲食習慣，並照著進行的話，則得到糖尿病的機會就會下降一般，如果我們可以運用應對情緒疾患的技巧來處理自己與他人的情緒，進而達到長期的情緒平穩，則情緒疾患的發生機會也會明顯的下降。

你的情緒生病了，還是只是心情不好？

最具有代表性的憂鬱症，作者認為大概是重度憂鬱症（Major depressive disorder），其它憂鬱症的症狀大都是重度憂鬱症的症狀變化、程度不同而已，如果我們能夠瞭解重度憂鬱症，則應該也可以瞭解大部分憂鬱症的核心。焦慮症則以廣泛性焦慮症為代表，但代表性較差。因為焦慮其實就是「恐懼」，憂鬱則是「無望」，但這兩者都不一定有主體，且會有雷同的症狀出現。還記得前面的情緒樹狀圖嗎？憂鬱與焦慮其實都共享負面的感受，而且人對於負面的感受不一定會出現純然的負向情緒，其往往是隨著自己的狀況而出現複雜的混合情緒。如果出現純然的負向情緒表現，除非事件特殊，否則就偏向是憂鬱症或焦慮症的發作，而非一般的情緒表現了。

台灣醫師大部分使用的「精神疾病診斷與統計手冊（The Diagnostic and Statistical Manual of Mental Disorders, DSM - ＊）」（＊可帶入Ⅰ至Ⅴ的羅馬數字，代表第一版到最新的第五版），來做為診斷的標準。以 DSM 系統來說，重度憂鬱症的診斷方式是先排除內外科問題，目前是否使用藥品或其他物質。下面列出的九個準則（症狀）至少要符合其中五個；最重要的核心是「持續兩週以上的嚴重心情低落，或對所有活動失去興趣，且可能已經影響到社會功能和工作能力」。廣泛性焦慮症則是「過分的擔心、難以控制的憂慮」為主，下面列出的六個主要症狀，至少要出現三個，且要影響生活功能達一個月或更久。

這似乎難以界定，作者當年念書時也這麼覺得，後來發現大概可以這麼看待：如果是上班族，請假兩個禮拜的狀況，讓老闆跟你討論是不是不想做了；如果是學生，則學校老師可能會發現孩子上課的狀況不是很理想，成績一直退步，且開始變得鬱鬱寡歡。上述是非常不嚴謹的說詞，不過憂鬱跟焦慮的初期表現本來就不是那麼清楚，而能被清楚判斷的；在狀況開始惡化的初期幾週或幾個月內，往往只能模模糊糊的感覺到一些跟之前不太一樣的表現。

DSM-IV 對於重度憂鬱症的九個診斷準則大致如下：

- **低落的情緒持續兩週以上**
- **個案對大多數或所有活動失去興趣，包含自己過往喜歡的事物**
- **體重變化**
- **睡眠的變化（嗜睡或失眠）**
- **精神活動的變化（遲滯或躁動）**
- **容易疲倦**

- **強烈的無價值感與不符現實的罪惡感**
- **精神不集中**
- **反覆想到死亡，或有自殺的想法**

焦慮症的六個診斷準則大致如下：

- **坐立難安**
- **容易感到疲勞**
- **常常無法集中注意力**
- **容易被激怒**
- **肌肉緊繃**
- **睡眠障礙**

簡單來說，憂鬱就是除了前面的核心症狀外，吃、睡都出現問題，且覺得自己腦袋空空，對生活無能為力，活著不知道要幹嘛，甚至因此而自責，然後做什麼事情都開心不起來，莫名其妙的想哭，每天都在思考自己到底活著有什麼意義，嚴重時還會有辱罵、奚落自己的聽幻覺。不用說九個都要符合，只要達到最低標準的五個，就會讓人感到他人無法想像的痛苦了。

焦慮更像是整天都活在恐怖片裡一樣，好像隨時都會有可怕的事情發生，腦袋裡都是這些不好的感受，甚至只剩恐懼的情緒，根本沒辦法好好的過生活。原本是預防負向情緒的相關記憶再次於生活中上演的機制，卻因此受到影響變成幾乎無法工作，甚至覺得許多事情都會連接過往的負向情緒，進而反覆誘發憤怒來阻止這些事情的發生。所以很多的焦慮症個案，往往發現自己的脾氣變差了，對他人與周遭的環境也越來越沒有耐性。

情緒問題不是「想開一點」就能解決

當我們初步瞭解憂鬱與焦慮的個案，每天都得活在這麼可怕的情境中後，應該可以瞭解這樣的狀況絕對不是靠「想開一點」、「別想太多」可以解決的，而是要當成一個會嚴重影響自己與周遭所有人的可怕事物來應對。

某些可以被診斷為憂鬱症或焦慮症邊緣的個案，往往會試著勉強自己維持以往的日子，但在上班或上學的途中，常會出現「是不是讓車撞一下，我就可以不用去上班／上課了」的念頭；或是抗拒到踏出家門就腦袋一片空白，根本沒辦法好好過日子。這些個案因為缺乏活力、動機，或是因為擔心他人的目光，而未曾就醫。在此誠懇的建議，如果自覺有這些狀況的讀者，還是到附近的身心科診所掛個號，找醫師討論一下目前的狀況。

大家可能會有疑問，難道只要自覺有這些症狀的其中幾項，哪怕程度只有一點，就代表自己有了憂鬱症或焦慮症嗎？根據前面所述，人的情感與情緒都具有心理及生理的重要意義，這也是目前診斷學中一個很大的爭議點。以憂鬱症來說，舊版診斷準則中的「低落的情緒」，在新版則修正為「比哀慟或親人離世要更加低落的情緒」。這種敘述上的改變，暗示除了各種功能的影響外，更希望治療者可以深入的瞭解並體會個案主觀感受到的情緒與其強度。

診斷一個個案從來就不是從一個片面就可以武斷為之的。可以的話，作者還是會希望個案可以試著回顧自己的變化，包含事件與時間點。但在健保體制下，每個個案可以分到的時間實在很短，作者在協助個案的過程中，往往也只能照著自己的經驗提示個案可能的盲點。有點抽象？

現在來看看下面的例子，相信會有比較直觀的想像。

隨時自我檢測，別讓鬱卒變成病

各位讀者如果自覺最近身心有些變化，可以按照下面幾個步驟來簡單的瞭解自己現在情緒的狀況。

步驟① 試著每天休息且感到放鬆的時候，都撥點時間替自己一整天的心情打個分數。

步驟② 如果有好有壞，試著多寫下「最高幾分，最低幾分」。並進一步記錄這樣的分數變化，是否連帶某些事件的影響？如果有，也要對此事件做個記錄。

步驟③ 如果有長期事件，先看看這件事情發生多久了，中間有沒有一度好轉，還是隨著時間過去，分數越來越低，則要回頭想想始終無法釋懷的原因為何。

步驟④ 如果想不出來，大概就可以帶著這個紀錄找醫師討論看看，是否有可能往憂鬱症或是焦慮症的方向變化，進而決定是否需要心理治療的介入，或是已經到了需要用藥的地步。

如果是身邊的人呢？每天都替他打分數嗎？我認為這已經是某種形式的侵犯隱私。即便兩人的關係緊密到可以不介意這樣的衡量，隱藏在表面下的情緒波動也不是一般大眾可以直觀感受到的。

所以，我們可以試著在一段時間中，觀察是否有下面這些事情。

1. 比對朋友在同一件事情上的不同反應。關鍵點在於平常喜歡的，與平常不喜歡的。
2. 如果平常喜歡的，是否花在上面的時間越來越少，或是越來越容易中斷？
3. 如果平常不喜歡的，是否對此表示更多的不耐與憤怒？
4. 變得更加沉靜，常常打哈欠或無精打采，甚至被誇獎都無動於衷。
5. 是否有常常恍神、忘記約定的事項，乃至於沒來由地亂發脾氣？以至於對工作或其他生活角色完成得越來越吃力？
6. 是否開始慢慢淡出共同的生活圈？

如果發現上述幾項表現越多，則越有可能發生生活中的重大事件。不是每個人都會想要用與朋友討論的方式，來處理自己的情緒問題。但這不妨礙我們關心身邊的朋友，讓他們知道他們的狀況不好我們都看在眼裡，而且不會避諱他的求助。在這提醒大家一下，不管他人狀況好壞，請盡可能不要給對方很多的指導語，或是強烈的希望他用一般人理解的方式「好起來」。如一直問對方「你怎麼了？」，而沒有其他說詞，更是大忌，往往會給狀況不好的朋友，帶來極大的壓力。要試著理解「我沒事」通常即暗示著「我不想跟人說」，或「我不知道該怎麼說」。且在這樣的理解下，試著尊重朋友保留自己情緒與隱私的意願。

在面對這樣的朋友，我們又該如何協助呢？除了要尊重朋友保護自己隱私的想法外，原則在於「主動關懷與邀約，被動協助及詢問」。讓被關心的人知道自己被關心，不會被強迫要配合大家的好意，而且在需要協助或討論的時候，也不會被拒於門外。萬一聽到真的棘手、自己也不知道該怎麼辦的情況時，千萬不要說出「想開一點就好」。要誠實表示自己的理解，如果自己處在這個環境下也會感到無能為力，但可以陪同朋友一起尋求專業的協助。

案例一

莫名的挫折與失落感，甚至覺得自己無用、開始失眠，我是不是生病了？

陳先生從小的個性十分活潑，口才也很不錯，求學階段常常擔任團體對外的窗口，負責對外與對內的溝通。研究所畢業後，陳先生也認為自己的長處很適合擔任業務工作，所以退伍後就投入房仲這個行業。初期陳先生做得很好，從早上六點到晚上兩點的帶看都沒有問題，而且在帶看的空檔中，還會騎著機車穿梭大街小巷找委任，也會花時間與大樓的保全建立交情，以獲得最新的消息。這種生活過了兩年，從表面上來看，陳先生在事業上的成功似乎每天都在持續，且也慢慢的做出了口碑，但陳先生卻越來越難從工作中獲得成就感，甚至會開始對身邊的人有種消極的憤怒，覺得大家都在為難自己，甚至開始出現失眠與哭泣的狀況。在朋友的推薦下，陳先生前來求助。

當陳先生與我一起回顧自己的變化時，我注意到下面的敘述：「最近生活中沒什麼大事⋯⋯就算有些工作上的狀況，也都能駕輕就熟，解決過無數次的問題。最近卻發現，明明遇到的問題都已經解決了，還是會感受到莫名其妙的挫折感。甚至隨著時間一天一天過去，解決的問題越多，卻越來越沮喪。搞到連看到客戶都會害怕，每天覺得自己很沒用，想躲在家裡不想去上班，也懶得出門，每天都躺在床上發呆，做什麼都不對。」

聽到這樣的敘述，大家大概也會猜到陳先生可能是憂鬱症發作，但醫師得更清楚的探詢脈絡。在之後的篇幅中，會討論到各種探尋個案脈絡的相關概念，這個案例就先告訴大家結論吧。陳先生的關鍵點就在於「生活中沒什麼大事」、「莫名其妙」與「每天覺得自己很沒用」。

如果一個精神科醫師聽到上面的敘述，會直接聯想到「沒有來由的情緒低落與無價值感」。而這樣的聯想會直接讓醫師將「大腦的功能失調」，也就是體質性的因素，放在推論的脈絡中，並試著這樣解釋個案的狀況。。若此前提為真，往往在開始服用藥物後，就會有明顯的改善。話雖如此，醫師在決定要將藥物加入治療方案之前，得先排除是否真的「莫名其妙」，也就是「生活狀況不足以解釋目前的情緒表現或情緒強度」。在個案狀況明顯惡化的時候，我們通常會先跟個案討論，最近是否有新的生活事件，進而誘發目前的情緒。雖然接下來會花不少的時間，與個案討論這時所提出來的生活事件，但我常常會試著在討論的過程中，與個案討論某些與此次事件類似性質或引起雷同感受的回憶。此時往往會發現本次的情緒經驗，或許就曾經體驗過。接下去細究的話，常常會發現一個時序上的轉變點。而轉變點之前的事件與當時的身心狀況，常是我們要探尋的第一道關卡。

還有一個方式是，個案會記得自己為了什麼事情而無法放開心胸，但卻無法說明自己為何無法放開。暗示個案在認知這件事情上，與一般人比較起來，會更為負向與固著去思考這個事件。所以往往需要更進一步瞭解個案本身的人格特質，才能逐步瞭解目前困境形成的脈絡。

不能否認的是，人都有七情六慾，總不能情緒十分低落，吃不下、睡不著，整天責怪自己，什麼事情都不想做，醫師就二話不說的冠上憂鬱症（雖然這樣幾乎已經符合診斷準則了）。這樣的話，大家自己 google 個量表，填一填再看一下分數，就可以診斷，根本不需要醫師了。

案例二

講到錢就淚如雨下，聽到電話響就害怕⋯，不是精神有問題，原來是身體出狀況了！

王老太太半年多前被詐騙集團騙走了銀行存款，難過得吃不下也睡不著，幾個月都無法恢復。最近越來越糟糕，講到錢就淚如雨下，這樣也就算了，家人試著都不提錢的事情，王老太太還是會自己找人訴苦，且越說越悲傷。聽到電話一響，就害怕到呼吸急促、手腳發抖。最近這一兩個禮拜，甚至覺得自己死了算了。一向身體十分硬朗、沒有什麼慢性病的王老太太，這幾個月來瘦了七、八公斤。家人看狀況不對，才帶來求診。

看到這裡，有多少讀者會認為王老太太有憂鬱症呢？有些讀者覺得有，有些讀者覺得沒有，但最後還是要回歸，究竟脈絡為何？

細細的往下追尋，原來王老太太口中的「終身積蓄」，只是一部分的現金存款。王老太太本身靠著年輕時與先生一起努力工作、存錢，買下店面收租度日。兒女們也都會定期的給孝親費，而大筆存款的存摺與印章都轉由兒女幫忙保管。這次把錢轉出去的戶頭只是收租用的戶頭，因為王老太太曾經擔心如果銀行被搶劫，自己的存款會不保。雖不合理，但王老太太硬是把大筆現金領出後，卻忘記藏在家裡什麼地方，最後搞得全家人仰馬翻。因此兒女每個月底都會藉由網路銀行來管理這個戶頭，不在裡面留下太多的金錢，避免再次發生這樣的狀況。

聽到這裡，我對王老太太這幾年的認知狀況心中有些臆測，再往下探詢發現，王老太太這幾年來開始會出現忘東忘西，且對金錢十分沒有安全感的狀況，每天都要多次確認自己的皮包。但確認之後，卻往往隨手一丟，下次要再確認時，就會需要動員全家人來幫忙尋找，最後家人甚至為此把她的皮包用鍊子繫在腰帶上。這一兩年更是發展到王老太太在收租之後，會再次前往向房客收第二次租金，因此家人才會把租金帳戶讓她自己保管，藉此方便她確認租金真的進戶頭了，但到了月底就在媽媽的面前，用手機操作網路銀行把錢轉走。

回溯到此，我們發現王老太太這幾年開始出現認知功能上的問題，而且隨著時間逐步的惡化。這幾個月的變化與其說是詐騙集團事件所導致，不如更精準地說是被這次事件凸顯出來，並以憂鬱相關的症狀表現。在經過了回溯脈絡之後，我向家屬說明認知功能的退化與負面情緒的症狀雖然有正相關，但以憂鬱或焦慮來說，在時序上應該會是先看到一段時間的負面情緒，接著才有認知功能的退化（這種狀況，臨床上稱為假性失智，就是憂鬱或焦慮造成的認知表現不佳。不過出現假性失智的人，在日後出現失智症的比例也比一般人高，此點務必注意。），而非先有多年的認知功能狀況，才突然開始憂鬱。

因此，我請家屬帶著王老太太到神經內科做了失智症的相關檢查，結果家屬口頭上回報，王老太太被診斷為中度失智症。雖然王老太太因為在本次神經內科的篩檢中，一併被檢查出有輕微的糖尿病，而無法以健保開立抗失智症藥物，但家人還是希望讓王老太太嘗試看看。在開始服用失智症藥物與低劑量的抗憂鬱劑一段時間後，王老太太的狀況明顯穩定很多，家人的照顧負擔也因此輕鬆不少，實在萬幸。

看完上述兩個例子，大家應該可以瞭解所謂的追尋脈絡，不只是簡單的問問個案的記憶流水帳，而是細緻的討論與前後的比對，甚至追尋「脈絡形成的脈絡」，這樣才能更為清楚的分別出，對個案來說那些是正常的情緒、那些是情緒症狀。更別提一開始看似正常情緒的反應，之後卻慢慢變成情緒疾患的複雜進程，這非得慢慢的釐清脈絡，才能知道該從何下手。

第二章

情緒的生理結構——你為什麼會自找麻煩生出情緒疾患？

講到大腦結構，就讓人聯想到被醫學生稱為「只有神才能解」的「神解」（神經解剖學）與「神經生理學」，一堆神經路徑、神經核、腦區、神經再生因子……，看起來很了不得，但這些東西到底是什麼？理智、情緒與立即性的身體反應，這三者的交互關係，我們又要從何理解？

或許你可以在 Google 上找到還算正確的相關知識，不管是中文、還是英文，但現在，我們嘗試用幾分鐘內就可以理解的方式，讓各位先瞭解一下情緒、理智與身體的協同運作。剩下的原理、機轉、假說等，就留給醫療人員與科學家吧！

情緒從何而來？

這邊我們先談談認知行為治療（Cognitive Behavior Therapy）的 ABC 理論基礎。A: Activating event，即引發情緒的事件；B: Belief，信念，就是我們相信這個事件在未來會如何影響我們；C: Consequences，就是因應這個信念，我們產生了情緒與後續的行為。所以進一步的說，情緒是在信念與行為之間的重要橋樑及連接。孩子會因為黑暗或未知的環境感到害怕與焦慮，也會因為新奇的事物感到開心與滿足。一樣是「未知」的概念，差別就在於信念當中是否包含「危險」，進而造成不同的情緒，並產生不同的反應。

更進一步的說，我認為情緒是一種與生存本能相關的動力。也可以說，情緒一開始就寫在我們的基因裡，在我們的生命延續中扮演重要的角色。正向情緒來說，「滿足」的感受可以穩定目前身心和諧的狀態，「開心或狂喜」則鼓勵我們繼續會讓生存或延續族群的行為。負向情緒來說，「焦慮」讓我們更好的預防危機，「痛苦」則讓人不再重蹈覆轍，「憤怒」相關的能量，則讓我們可以阻止目前的痛苦繼續。

情緒在大腦裡面如何運作，目前相關研究紛紛出爐，但尚未很清楚「情緒」相關的整體機制。一般來說，每種情感帶給人的感受往往是多個腦區一起運作，並各自影響，包含互相壓抑、調節與增強。除了神經傳導路徑與神經傳導物質有比較清楚的研究外，後續更複雜的機制目前也眾說紛紜。

簡單來說，當我們接收並統整感官傳遞來的資訊後，會傳進所謂的「情緒腦區」，也就是「腹內側前額葉皮質」（Ventromedial prefrontal cortex, vmPFC）與「杏仁核」（amygdala），進行判讀與連接各個腦區，如海馬迴、下視丘、視丘、紋狀體與基底核等等，並且透過自律神經系統來影響全身。一般來說，這些變化都屬於本能反應，一般動物也會出現。特別要說的是，人類因應情緒變化而產生的認知功能相關的變化，則往往與前額葉皮質相關。

從神經傳導物質來看，多巴胺（dopamine, DA）的相關途徑，與喜悅或亢奮的情緒、注意力的高低較為相關，血清素（Serotonin, 5-HT）與平靜或滿足與否較為相關，正腎上腺（Norepinephrine. NE）素則除了相關於跟血清素作用類似的平靜感外，也影響注意力的持續程度。這些理論也連帶促成近代精神藥理學的出現與持續發展。

焦慮與憂鬱相關的（偽）大腦結構

如果各位去google搜尋上段的進一步資訊，會發現非常的複雜。一樣的腦區，在接受不同的神經傳導物質後，就出現不同的結果與後續的連接及影響。不過，這些處理訊息與內在和外在互動的過程，無非就是「接受、解讀、應對、再接受、再解讀、再應對……」這樣的循環，直到事件結束。所以，我們或許可以使用比較簡單的方式來理解，並進一步試著影響這個過程及最後的結果。

首先，假設大腦只有三層，最上面的第一層是人與其他動物最大的不同，「各種理智的活動、專注、思考與壓抑自己的衝動（情緒）」。第二層是「情緒產生區」，管理先天與後天的情緒經驗，讓人趨樂避苦、趨吉避凶。第三層是「生命本能區」，管理並調節各種有機體存在的功能，如心跳及血壓。第一層影響第二層，第二層影響第三層，但第一層不能直接影響第三層，反之亦然。

來，閉上眼睛，深吸一口氣，有沒有覺得身體稍微放鬆一點，情緒稍微平靜一點，腦袋空一點？恭喜你，你剛剛完成了「讓身體反應影響情緒，情緒平穩之後，理智區塊跟著做好思考的準備」；也就是「第三層影響第二層，第二層又影響第一層」。有

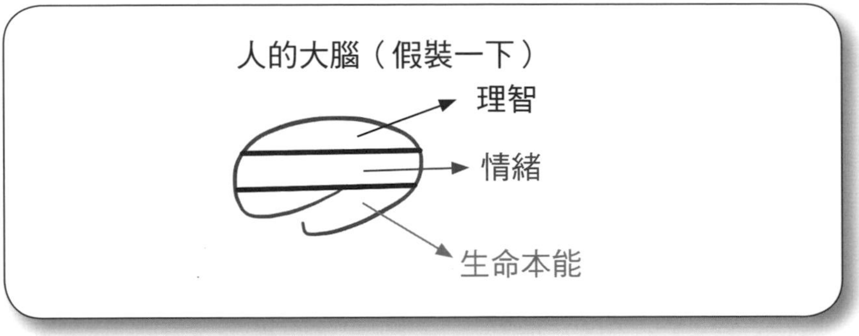

圖 1：大腦的三層構造

資料來源：郭信麟，2019，為本書製作

沒有覺得自己很厲害？來，為自己鼓掌吧！

第一層到第三層的過程呢？如果看完上述的敘述，你覺得有點輕微的成就感，也替自己在心裡鼓掌，那你又體會到第一層一路影響到第三層的過程了。這也是認知行為治療的基礎概念之一，「從身體上的行為去影響情緒的變化，改變情緒記憶，最後影響認知」。

複雜一點的做法呢？其實一樣是這個原則。當個案發現有可能面對突如而來的恐懼時，往往會十分恐懼將要到來的恐懼事物，所以，我們試著教導個案利用各種讓身體放鬆的方式（生命本能），在恐懼事物將要到來之前，不要累積新的恐懼（情緒）。當恐懼真的到來的時候，個案會發現自己的狀況沒有之前來得糟（理智）。對於將要面對下次的恐懼事物來臨時，心理做好準備（理智）就不會那麼害怕（情緒），而更容易的利用放鬆身體的方式（生命本能），迎接將要到來的恐懼（情緒）。你看，是不是由第三層到第二層，又從第二層往下呢？

當然，治療個案沒有這麼簡單，不過，這不妨礙我們利用這種概念解決生活中的困境。

情緒生病了原來都是大腦惹的禍

從醫學的觀點來看，每個掌管情緒的腦區如果有狀況，就會產生相應的疾患，不管是情緒或是其他神經功能都是如此。在情緒疾患部分，特別要提的重點是「杏仁核」與「海馬迴」。「杏仁核」管理情緒中關於恐懼的部分，「海馬迴」則管理人的短期記憶，並相關於後續記憶的儲存。現在的研究發現，焦慮與憂鬱的個案杏仁核會過度的發達，海馬迴則有體積縮小的狀況，而且憂鬱的個案甚至會有「腦前額葉」萎縮的狀況，人的腦前額葉具有掌管解讀、判斷與決策的能力。

雖然上述說明，可以做為憂鬱與焦慮的個案在注意力、記憶力，乃至於決策能力等高等心理活動下降的部分佐證，但目前腦區與負向情緒相關的機制仍有很多未明的地方，因此我們也只能說情緒疾患與腦部的實質變化有著密不可分的關係，但因果關係仍無法百分之百的釐清。

再者，人的大腦從出生之後，腦細胞就開始不停的凋亡，而其他器官組織則比較可以靠著細胞再生機制維持功能，甚至增強功能。因此，與腦扯上關係的治療概念，往往跟一般內科的治療有所不同。

回到大腦的（偽）三層構造上，到底發生什麼事情會讓第二層腦無法好好工作呢？在過往的生物實驗中，我們可以看到憂鬱與焦慮的個案，其大腦裡面的多巴胺（Dopamine）、血清素（Serotonin）與正腎上腺素（Norepinephrine）的濃度是降低的。但相關不一定是因果，跌倒了會擦破皮，但擦破皮不一定是因為跌倒，也有可能是被貓抓傷，這個說法我想大家都可以接受。所以多巴胺、血清素與正腎上腺素在神經間隙間（突觸，Synapse）的濃度降低不一定是結果，也有可能是原因，甚至是因果相互影響。如果再詳細一點的說，這些神經傳導物質的濃度改變，往往也跟神經系統的改變連動，特別是大腦中的這些神經傳導物質的受體與這些神經傳導物質之間的互動方式。但這些內容目前都還在研究中，大家可先不必細究。

這二十幾年來，有一些專家用了一個方法來實驗：「逆推證明：停止供應某些神經傳導物質的原料來源，看看被斷絕供應特殊種類食物的生物體會發生什麼事情」。後來發現，停止供應多巴胺（Dopamine）、血清素（Serotonin）與正腎上腺素（Norepinephrine）三者的原料，確實可以觀察到某些特殊族群的情緒低落，不管是人或是動物，所以看來可以確認某部分的因果關係。

或許讀者會感到疑惑，上述不就證明了因果嗎？怎麼會只是某部分。在眾多實驗當中，目前並沒有一個很清楚的結論，只是運用統計學的方法試著在不同的變項中做此連接。在因果關係的命題中，假設果是情緒問題，複雜一點的想像是，「因造成果，那果會不會造成其他的因？進而又形成新的果」。目前都還無法清楚且完整的回答「因」有哪些，自然就無法回答「果」如何形成，當然就只能針對已經發現的「因」來形成各種治療方式，或是藉由經驗中有效的方法來回推「因」，再次修正治療方式。

我常常聽到個案詢問：「醫師你說的我了解了，那是不是可以抽血來驗看看，看看是否真的是哪個神經傳導物質低下？」上述說的理論，都是推論自研究數據；而關於神經傳導物質的濃度高低，都是化驗腦脊髓液的結果。抽取腦脊髓液在臨床上是非常重大的事情，除了可能有嚴重的感染問題外，抽取腦脊髓液還有可能造成嚴重的神經受損，甚至下半身癱瘓。所以一般來說，如果不是為了確診嚴重的腦脊髓系統問題，而且已經沒有其他方法了，這個時候才會試著抽取腦脊髓液來化驗或培養。為了做出情緒疾患的診斷來抽取腦脊髓液，除了風險與收益不合比例外，想必大家看了上面的敘述，也不會願意自己冒這種風險，去確認從各種外在表現就可以間接推論出的結果吧！

再深入一點的說明，血清素、正腎上腺素、多巴胺等，各自可以影響數種到十數種的受體，隨著不同的受體在不同的地方接受一樣的神經傳導物質刺激，影響範圍從血壓，心跳、活力、學習力、食慾、睡眠、性慾，乃至於情緒高低都有可能。再說一次，除非已經進到專業討論的範疇中，不然大家應該不用過於細究。所以，大家先把「多巴胺、血清素、正腎上腺素的低下跟情緒的低落相關」這個簡單的想法，放到腦袋裡面就好。

情緒疾患如何診斷

不管是哪一種情緒後面的心理活動，都是非常複雜的，如果按照定義與流程就可以簡單的診斷一個人的情緒是否為疾病，那找 google 當醫師就好。作者比較老派的認為，只有人能最細緻的瞭解人的情感，所以這種複雜的脈絡形成，也需要醫師面對面的傾聽與理解，才有機會呈現。

說到「只有人能最細緻的瞭解人的情感」，不由得讓人想起描述性診斷學的相關爭議。所謂的描述性診斷學，其實是一票精神病理學家坐在一起開會，試著把長時間收集來的資料歸納並統整出一些原則，進而讓臨床醫師在診斷的過程中參考。所以才會有人認為，「醫師也只是把問卷上的問題勾一勾，勾的數量足夠了，就輕率地說是疾病」。

不管是美國的DSM系統，或歐洲的**國際疾病傷害及死因分類標準**（The International Statistical Classification of Diseases and Related Health Problems; ICD - ＊）（＊可帶入一到十，表示第一版到最新的第十版），其實都是描述性診斷學。但這些冰冷的數字與統計，始終有人認為不夠全面，甚至不夠格拿來評斷一個人的情緒狀態，更別提拿來診斷是否有情緒疾患。

要對一個個案下情緒疾患的診斷，其實不會這麼輕率，往往個案認為無關緊要的細節，對診斷來說卻是重要的線索，甚至是判斷的依據。即便如此，當作者在下診斷的時候，個案與家屬往往不一定會接受，更別提我是照著每隔幾年就修訂一次的定義來下診斷了。

而有些人可能會覺得，情緒的問題既然都可以從身體上找到相應的證據，那麼精神疾病的診斷是否專注在生理上的觀察就好？當然不是這樣。就如同睡眠的狀況是情緒困擾的結果，而非原因，許多的情緒困擾一開始也是身心的整體狀況與外在環境互動的結果，而非原因。但之後內在與外在的惡性循環，那又是另一回事了。

何謂「五軸診斷」，說明如下：

第一軸：臨床疾患（指精神或心理疾患），可能為臨床關注焦點，以及患者因精神疾患而表現出顯著的痛苦而主動求醫之現象，用來報告各種疾患或狀況，唯人格疾患及智能不足除外。

第二軸：人格疾患及智能不足。

第三軸：記錄了一般醫學狀況，能以許多方式與精神疾患產生相關性。

第四軸：用以記錄現行患者的心理社會及環境問題。

第五軸：對社會功能之整體評估。

從這個診斷系統我們可以瞭解，當一個個案主觀感受到情緒困擾，而且影響到生活的時候，我們必須檢視個案從內到外的大小狀況。以身體問題來說，甲狀腺亢進或低落會有憂鬱症狀、躁鬱症狀，乃至於嚴重的焦慮而無從緩解的狀況。女性常見的貧血問題，往往會造成藥物效果不佳的憂鬱。甚至是情緒問題混合身體問題的變化，如憂鬱症與焦慮症的女性個案，常常會發現情緒症狀在月經前後明顯惡化。甚至是更年期的個案復發年輕時的憂鬱或焦慮症。也因此，當讀者們發現自己開始出現情緒狀況時，先別急著替自己下一個憂鬱或焦慮的診斷。如果還有身體的其他變化，這個時候請花一兩週的時間，試著把前面章節提到的情緒分數打完，並請多記錄以下幾個重點。

1. 每日體重變化
2. 食慾
3. 身體是否有疼痛或痠軟的狀況，若有，請記錄部位與疼痛時間
4. 其他非特定型的不適，如疲勞、頭痛、眩暈、心悸、胸悶、噁心、便祕、喉嚨乾癢等等
5. 形體在外觀上是否有變化

上述的狀況，也請身邊親近的家人或友人協助記錄。若持續記錄到某狀況，就建議帶著這份紀錄先做一個比較詳盡的全身健康檢查。若確定沒有其他的身體狀況，則建議帶著健康檢查報告前往精神科或身心科就診。

你是情緒疾患的高危險群嗎？

一般來說，我們每天都會有喜怒哀樂的感受，但有些人需要特別小心情緒疾患出現在自己身上。

1. **家族史**。如果大家可以理解神經傳導物質及大腦結構與情緒的關聯，就應該可以進一步理解情緒疾患就如同糖尿病或高血壓一般，跟體質的遺傳有關，最明顯的例子就是躁鬱症跟過動症。

2. **長期暴露在很高或慢性的壓力下**。當我們處於慢性壓力之中時，身體會一直維持在某種緊繃的狀況下，以確保自己隨時有能力應變各種變化。作為交換，身體會讓心血管乃至於血糖等等，都維持在一個可以隨時反應並做動的狀態，而大腦的相關機制也必須維持警醒。時間一久，自然就會有焦慮，乃至於憂鬱的狀況出現。除此之外，一些無法消化的重大事件也會持續讓人感到緊繃與壓力，如家暴、兒虐、性侵等等。不僅在心理上造成影響，影像學研究也顯示這樣的個案，其大腦發育會跟一般狀況下成長的孩子有很大的不同，而且更偏向於罹患情緒疾患的成年人，會有的大腦結構。

3. **物質濫用**。菸、酒、茶、咖啡，乃至於其他毒品等等，都有報告指出，長期使用的個案連帶有情緒，甚至是精神疾患的比例較高。

4. **性別**。並不是說哪個生理性別會特別容易罹患情緒疾患，而是不同的生理性別對於各種情緒疾患的風險不同。躁鬱症雖說是男性與女性比例相同，但女性比較容易有循環型情感性疾患（cyclothymic disorder）。憂鬱或焦慮等情緒疾患，是女性的個案佔多數；至於過動症與物質濫用疾患，則是男性個案為多。

5. **罹患其他慢性疾病**。與第二個危險因子類似的情況是，長期有慢性疾病且未好好控制的個案，往往也有比較高的比例會較常出現憂鬱或焦慮的情緒。有些藥物也會造成沒有來由的情緒或精神問題；較常見的藥物如高血壓、糖尿病用藥、化療藥物，或是比較少見的抗病毒藥物，如克流感之類，都有相關的報告。

案例一

情緒突然失控、自言自語、不識家人……，難道是毒品戒斷症狀？

張先生在某個週三下班之後，開始出現一些自言自語的行為，並會突然暴躁、哭泣，甚至是對著空氣說話，但大多數時候是安靜的發呆。家人一開始以為是太過疲倦，先帶張先生去急診抽血，同時做了簡單的檢查。當下並沒有檢查出什麼內外科的特殊狀況，加上張先生當時精神狀況還算穩定，所以急診室醫師先請家人帶張先生回家休息，但如果之後仍有狀況，就要帶張先生到身心科求診。家人因此替張先生向公司請了週四、週五兩天假，之後情緒雖然有比較平穩，但週五晚上張先生突然對家人說：「不要再假扮我的家人，把我的家人還給我」，家人被嚇得半死，緊急地在週六帶個案前來診所就醫。

經過一段時間的會談後，發現張先生身體一向健康，除了抽菸之外，沒有什麼不良嗜好。一般來說，突發性的幻覺與妄想要先懷疑是否有身體的疾病，或是毒品的濫用。但身體的問題急診室已經確認過，沒有什麼特殊狀況；是否有使用毒品的問題，在家人幾乎二十四小時不間斷的陪同下，張先生不可能有機會繼續使用毒品，此外，若是有使用毒品，則應該會出現戒斷的症狀。以精神症狀來說，通常會先猜測是否與安非他命相關，但張先生也沒有出現相關的戒斷症狀（幻覺與妄想，我們一般稱之為精神症狀，是從 psychosis 這個單字翻譯過來的，與一般大眾說的精神出狀況是完全不一樣的）。

老實說，當時我心裡的天秤已經快速偏向思覺失調症那方了，但思覺失調症不只是重大傷病，而且一旦留下這個診斷，對年輕的張先生來說，日後光是要買保險，大概就會一直被為難了，更別提要去面對台灣社會對此疾病的污名化壓力。

大家可能不知道為何我如此在意。事實上，思覺失調症就是以前的精神分裂症（Schizophrenia）。診斷準則為下面四個症狀要有兩個以上，「幻覺、妄想、混亂的言語、混亂的行為、情緒與動機消失的負性症狀」長達六個月以上、且有超過一個月非常明顯，也要對生活產生重大影響。最重要的是，要先排除其他內外科問題或物質的影響（如失智症、安非他命）。加上思覺失調症的高再發比例，若個案罹患思覺失調症，則不啻於宣告個案幾乎終身都要與疾病奮鬥，更別提污名化帶來的重大壓力了。

所以，我嘗試著更進一步的釐清其他脈絡與細節。最後問到家人：「張先生平常做什麼工作，那天回家之後，除了這些症狀外，他還說些什麼嗎？」家人回答：「他就在ＸＸ廠工作，聽他說在鎖管線螺絲的時候沒有注意到，結果被溶劑噴了一整臉，還噴進鼻子、嘴巴，好在不是腐蝕性的……」

聽到這裡，我慶幸沒有貿然替這個個案下了思覺失調症的診斷。就如同使用強力膠一般，當人體攝入某些溶劑後，會出現欣愉感、精神症狀、攻擊性上升。在國外甚至有人以吸食汽油來達到上述的效果，說白了，就是讓溶劑經由黏膜快速進入大腦，進而達到影響大腦的效果（想當然爾，如果持續的使用這種方式讓自己達到快感，大腦會很快地就被大量進入的溶劑破壞殆盡，幾年內就會退化到生活不能自理的狀況了）。

之後我開立了一些抗精神病用藥，請家人讓張先生按時服用，並近日多喝點水與牛奶，但也請隨時注意張先生的體力、活力與神智是否清醒。除了神智不清時，需要馬上送急診外，如果突然出現暴力行為，或無法自控的古怪行為，也要馬上送到內部有精神科門診的醫院急診。另外，我也請家人三、四天後帶著張先生回診，以確認狀況。之後張先生並沒有回診，我請診所的工作人員協助聯絡，看看發生什麼事情；若無狀況，也再次提醒他們相關的注意事項與就醫時機。家人表示張先生服藥兩、三天後，就一切正常，甚至連這一段時間發生什麼事情都不太記得，也回去上班了，所以就沒有回診。

這個例子跟情緒疾患的關係不大，卻清楚地告訴我們，有時對於個案來說不一定重視的細節，但卻會是形成診斷的重要依據，特別是這些細節與大腦變化相關的時候。用「失之毫釐，差之千里」來形容這個狀況，一點都不過分。不管是面對壓力與否，情緒的狀況也如同張先生的例子一般，與我們大腦的變化息息相關。

可是關於情緒疾患的爭議拜污名化所賜，大部分覺得自己不太對勁而上門求診的個案，大概都嘗試過各種方法，並且在嘗試與失敗之間打轉了許久，最後才上門求助。因此大部分都會帶有「大腦內的異常變化」造成的影響，而這種變化真的不是「想開點」、「別想太多」就會好的。

由於現在科學昌明，糖尿病、高血壓等慢性病慢慢被揭開面紗，大家也都比較習慣健康檢查這回事。當我們聽到身邊的人患有慢性疾病時，往往不免問上一句「控制得怎麼樣？運動與飲食的控制有持續嗎？有沒有好好的吃藥呢？」但情緒疾患一樣是來自於身體內部的影響而產生的外部表現改變，怎麼會變成「抗壓性不足」、「想太多」造成的呢？大家回頭想想前面所述，如我們要一個血糖六百 mg/dl 的糖尿病人想開一點，並認為因此其身體狀況就會有所改善，這不是一件很奇怪的事情嗎？

所以在此提醒大家，當我們無法確認他人或自己的狀況時，貿然的告訴他人或自己說：「啊，你就想開一點，不要想那麼多就好了」，除了無任何幫助，讓人覺得很傷心或被壓迫外，也是一種很不安全的做法。一般人永遠不會知道，在自己的狀況在連自己都感到陌生、甚至於害怕的情況下，需要多大的努力才能夠繼續的「好好過日子」。

第三章

誰說心病只能心藥醫，藥物、食物及運動對情緒很有幫助

情緒的存在是讓生物體趨樂避苦、趨吉避凶的重要動力，這是怎麼一回事？舉個最簡單的例子，生物對於同類屍體的厭惡與恐懼感。這種感覺可能來自於「當一個環境中出現同類的屍體，暗示這個環境可能有足以傷害自己致死的因素，得馬上離開」。最簡單的例子，莫過於多數人走到醫院太平間的時候，會莫名地感到焦慮、甚至害怕。當然，這後面指向對「死亡」的最根本恐懼，也不能這麼簡單的論定。

另外，像是高油高糖的食物會讓人產生某種滿足的情緒，因為「足夠的熱量可以讓有機體再多維持運作一段時間」。所以，有些人在心情不好的時候，喜歡吃塊蛋糕或巧可力來轉換一下心情，不是沒有道理的。

而為什麼我們會在意他人的目光？粗淺的推測，他人目光會讓我們理解自己在「現在這個環境下，是不是與他人不同」，進而產生「被接納」與否的抽象印象，而聯想到還在原野上打獵的老祖先們會有的恐懼：「若被驅逐出群體，就可能無法有足夠的食物，因而死亡」。

根據上述，第一層可以影響第二層，憂鬱的個案每天都得替自己打氣，試著鼓舞自己，而焦慮的個案應嘗試思考究竟自己害怕什麼而無所得，這都是試著從認知的層面去改變情緒。效果呢？當然不會太好，因為我們要對抗的是寫在基因裡面讓我們趨吉避凶的重要動力。

從主觀的角度來看，我們之所以會感到開心、難過或是恐懼，這是與我們的生命歷程相關，至於我們開心、難過或是恐懼的強度，則跟我們的大腦有關。最後，因應不同情緒的強度，我們可以做出不同冒險程度的決策。

以一般情緒疾患來說，往往不是個案的情緒種類出了問題，而是情緒強度出了問題。例如個案本來是一個喜歡與朋友聚會的人，每次聚會都很開心，但在罹患了憂鬱症後，莫名其妙的開心不起來，甚至看到朋友就覺得厭煩，這大概可以解讀成「對同一事件感到開心的強度從正值變成負值。」

另一個例子是，我們在準備過馬路時，看到一台腳踏車跟一台卡車遠遠朝著自己快速駛來，不由得會擔心是否會被撞到，但前者帶給我們的恐懼絕對遠小於後者，所以我們在面對腳踏車朝著自己快速駛來的時候，可能可以壯著膽子，稍微評估一下距離與速度，壓抑恐懼快速通過。但看到一樣的距離、一樣的速度朝我們駛來的卡車時，我們極可能會比較偏向呆在原地，等待車子過去之後再行通過。但換成是焦慮症的個案，對於這兩者的恐懼大概不會相差太多。也因此，有類似疾患或相關創傷導致恐懼症的個案，常常都會在路口一呆就是一兩個小時才能通過馬路。

心病吃藥真的有用嗎？

而從神經傳導物質與情緒的關聯出發，往下可延伸出了兩個概念：藥物與飲食。跟大家想像中不同，精神科藥物的概念除了直接刺激神經元，而達到我們想要的目的外，絕大多數是「降低身體代謝目標神經傳導物質的速度」來達到「某個區域中的目標傳導物質增加」，進而讓該目標神經傳導物質的濃度增加且維持穩定的濃度，以致影響其他神經傳導物質的濃度，而回到原始的平衡，並不是直接把一堆東西或原料灌進去身體裡面，最後讓大腦在這樣的狀況下，重新調整自己的結構。（還記得多巴胺、血清素與正腎上腺素濃度低下，會造成情緒的低落嗎？）

有些性子比較急的個案聽到我這樣解釋會說，「既然都知道濃度低下了，那我攝取一堆目標物就好，看是要吞、要灌或打針，通通配合，為啥要這麼麻煩」，原因有幾個，列舉大家比較能理解的：

第一，大部分食物或可以吸收的物質，一旦進到消化道裡，一開始會被胃酸破壞殆盡，接下來也會被腸胃道破壞成最原始的分子，才能吸收進入身體。而成功進身體後，身體也不一定會再把這些東西合成回原來的東西，其往往作為原始的材料存在身體裡，等待之後有狀況時再拿出來用，不一定能直接影響到大腦。

第二，人的身體是一個平衡的有機體，所以當你灌進去一堆東西時，其他地方也會有所影響。除了不一定會有想要的效果外，有時還會產生更多的問題。舉個常見的例子，許多個案在男性或女性更年期時，都會接受賀爾蒙補充，但不是每個症狀都可以消退，特別是情緒症狀，常常都需要精神科醫師一起偕同治療。最近很流行的褪黑激素，是許多國家可以直接購買的「健康食品」；但事實上，大腦中的褪黑激素濃度過高的時候，會有記憶斷片、專注力下降等類似「沒睡飽」的反應，這就是短時間內破壞平衡，身體付出的代價。再者，褪黑激素本身也只是整個晝夜節律系統的一部分，短時間內使用或許會有突然改變平衡的效果，但日子一久，身體平衡的慣性往往會抵銷這部分的效果，這時就會效果減退，甚至完全失效。

再舉個因糖尿病導致周邊血液循環變差為例，當血管硬化後，即便把血糖控制得很好，周邊血液循環也只會有部分改善，而不會回復到原來健康的狀態。灌進一堆東西的想法，就像是打進一堆胰島素一樣，可以降低血糖，並停止繼續傷害，但卻無法回復已經被傷害的其他組織。甚至萬一血糖過低，還會對身體造成其他傷害。

綜觀一下抗憂鬱藥物，自百憂解（fluoxetine）橫空出世後，抗憂鬱治療就從以心理治療為主，直接邁向以藥物為主的新時代（不誇張，很多書籍都是這麼形容的）。之後隨著各種神經內分泌的研究紛紛出籠，各種機制的抗憂鬱劑也跟著一一問世，但大體來說，都不脫血清素、正腎上腺素與多巴胺三者的濃度，在神經與神經的間隙（突觸，Synapse）間被提升。如前所說，這些藥物的機制並不是灌進一堆神經傳導物質的原料或成品，而是降低身體代謝掉這些神經傳導物質的速度，所以學理上，我們會將之稱為「回收抑制劑」。這類藥物有單純針對血清素的、有針對血清素與正腎上腺素的，也有針對腎上腺素與多巴胺的。各自會有不太相同的臨床作用與副作用，因此也會有不同的適應症與適合的對象。

之前說過，憂鬱與焦慮並沒有所謂的「仙丹療法」，所以也不是每個人都可以找到百分百有效的抗憂鬱劑。有一些研究甚至認為，只有百分之五十的憂鬱症患者可以找到有效的抗憂鬱劑，但學界普遍認為約有七到八成的憂鬱症患者，可以在服用抗憂鬱劑後產生抗憂鬱的效果。要是單方沒效，或換了幾種單方也都沒有效果，倒也不用就此對藥物治療感到灰心。臨床上我們會併用一些抗精神病用藥、抗癲癇藥物，往往會收到奇效。但這樣類似雞尾酒的療法，除了治療指引會簡單的提到、藥廠自己的研究會揭示某幾顆藥物可以這樣合併使用外，往往會回到開立處方的醫師對於病人的觀察，與醫師自己累積的臨床經驗。

說中文的族群，都有種天然對西藥的的恐懼

坦白說，五十年前的藥物有些真是傷肝又傷腎。

在綜合醫院的生態中，精神科醫師常常要被照會，目的是確認某些因為內外科問題住院的病人，在住院中被觀察到有情緒或認知的問題，精神科醫師通常需要協助內外科醫師理解或排除可能的原因，乃至於嘗試解決目前的狀況。在這種前提之下，偶爾會遇到一些個案得使用非常特殊的藥物（如後線或古早的抗生素）。這些個案往往

要冒著肝腎受傷或不可逆併發症的風險，來求得疾病的改善或痊癒（如萬古黴素就可能會有耳聾的併發症）。

使用這類藥物的背景，往往都是病人已經面臨「不用這種藥物，就沒有藥可以救命了」的窘境，醫師才會陪著病人一起冒這麼大的風險。也就是「在生命或某個器官的功能受損的情況下，我們選擇先把命保下來，之後再看看如何將這個器官的負擔減輕，甚至回復到某個程度的功能。」

隨著製藥技術的進步，各大藥廠慢慢出現「儘可能減少各種副作用」、「副作用可以忍受就好，但效果要更好」的兩種不同前提來研發藥物（當然還是會出現「效果又好，副作用又低」的藥物，不過通常非常貴且種類稀少，而不一定是每個人都可適用的）。以減低副作用為前提的藥物，往往用於治療輕症或慢性疾病，精神科的藥物大部分也都是這種。所以在臨床的症狀改善上，效果不一定比舊藥更好，不過個案的生活品質會比用舊藥提升很多（另一個明顯的例子就是癌症治療藥物；一般標靶藥物的概念就較偏於前者）。

這裡不要是植入「吃藥可治病，沒病也強身」的概念，而是鼓勵清楚瞭解自己的用藥。日常應瞭解用藥的相關內容，並理解服藥對自己的身體與生活是利大於弊的前提下，才遵照醫囑使用。反過來說，有很多對大腦與身體健康有顯著影響的物質，只是因為較常出現在生活中，大家對此的容忍度就比較高，最明顯的例子就是酒精。酒精對於身體的影響，幾乎是五臟六腑都會受傷，而且往往不可回復，但大多數人卻仍然固執地認為，這只是一種協助放鬆的物質而已。

認識情緒用藥

以下簡述幾種情緒疾患之常用藥物：

抗憂鬱劑

血清素回收抑制劑（Selective serotonin reuptake inhibitor; SSRI）、血清素-正腎上腺素回收抑制劑（Selective serotonin-norepinephrine reuptake inhibitor; SNRI）、正腎上腺素和特定血清素型抗憂鬱劑（noradrenergic and specific serotonergic antidepressant; NaSSA）與正腎上腺素-多巴胺回收抑制劑（norepinephrine-Dopamine reuptake inhibitor; NDRI）。

大家可以看到雖然有很多類型，但不外乎就是使血清素、多巴胺、正腎上腺素三者的濃度提升。根據個案的不同症狀，由醫師憑藉經驗與學理替個案選擇藥物。

抗憂鬱劑，顧名思義，會覺得應該有很強烈的提振情緒、振奮精神的感覺，不過臨床上並非如此。大部分個案在抗憂鬱劑生效後，最常感受的是「平靜」；原因跟前面章節提到血清素的作用相關。甚至有些個案的情緒在低點慢慢往上爬的過程中，會先感受到「平靜的低落感」。有些個案會逐步回復正常波動的情緒，但有些個案會發現心情不會太糟，但還是笑不出來。如果幾個月後還是這樣，可以考慮與自己的醫師討論更換藥物的選項。

使用抗憂鬱劑時，常見的副作用包含初期使用後的短期焦慮、心悸、腸胃道不適、失眠、昏睡、食慾下降、性慾下降，甚至有姿勢性低血壓的狀況。但詳細的副作用，還是要看個人的狀況，與醫師討論。絕大多數的副作用通常不會持續超過兩週，且會隨著時間過去逐步減輕。一般來說，抗憂鬱劑的效果大概要兩週左右才會出現，所以主觀上大概就是隨著副作用的不適感減輕，便會開始感覺到自己的情緒症狀有所改善。

抗癲癇藥物

在精神科的範疇中，除了癲癇病史的個案會使用外，也會用在躁鬱症上。對於某些頑固的焦慮症與非典型性的憂鬱症，也會與抗憂鬱劑合併開立使用，特別是覺得十分煩躁，甚至有暴力風險的個案。副作用除了常見的昏沉外，大部分的抗癲癇藥都有自己要特別注意的地方，這邊就不多提了。唯一要提醒的是，大多數的抗癲癇藥物都有造成畸胎的可能，如打算懷孕的婦女，一定要跟自己的醫師說明！

抗精神病用藥

這個在憂鬱與焦慮的治療中，近幾年算是異軍突起。隨著研究方法的進步，發現約有兩成的個案單純使用抗憂鬱劑無法達到很好的治療效果，所以根據症狀的不同，會開立不同的藥物來合併使用，上述的抗癲癇藥物就是其中一個例子。但少數的個案會幾乎完全沒有效果，或得到極高劑量才會有效果，但個案無法耐受其高劑量帶來的明顯副作用。因此在精神藥理學的教科書中，越來越常提到合併藥物的使用，其往往會帶來意想不到的效果。

話雖如此，抗精神病用藥也不是那麼神奇，至少在不同藥物的副作用上，常見的就有食慾與體重增加、月經週期延長、女乳症，甚至是肌肉僵硬等等。也因為藥物的副作用嚴重程度通常與藥物劑量高低相關，所以情緒疾患的治療中，抗精神病用藥的劑量通常不會太高，也連帶降低副作用出現的可能性，或出現後的嚴重程度。

鎮靜安眠類藥物

這一類的藥物裡面，有很大一部分都是所謂的「苯二氮平類」（benzodiazepine; BZD）。這類藥物可以被用在放鬆情緒、放鬆肌肉，或是連帶的鎮靜安眠。所以在臨床上，它是生效速度快，但效果往往無法維持太久的藥物，可以拿來應對恐慌發作。生效速度較慢，但可以維持較久的藥物，則可以拿來緩解肌肉的緊繃，或是協助入眠。這類藥物最為人所詬病的地方，不外乎「一定程度的成癮性」。

該不該吃藥？藥要怎麼吃才對？

這裡延伸論述一下過動症（注意力不足暨過動症候群，ADHD）的病理基礎概念。所謂的過動症，大家的印象就是「好動」、「頑皮」、「常常忘東忘西」、「常常忘記跟大人約定的事情」，所以有很多家長認為這樣的孩子其實是「不服管教」，或甚至「故意頂撞」。特別是看到孩子在看卡通或玩平板的時候，那種專注的模樣更讓人生氣。

我們試著用某張很重要的比對圖，來看看過動症小朋友的大腦與其他小朋友的大腦。但到底是用什麼技術拍出來的，大家就不要管了，我們用電影裡常出現的熱成像儀的規則來看看。大家如果有印象的話，可能還記得規則是「越紅越亮代表那個地方溫度越高」。

在生物體中，溫度越高就代表活動得越旺盛。圖1的右邊是過動症小朋友的上方大腦，左邊是沒有過動症小朋友的上方大腦；我們可以清楚看到有過動症的小朋友，最上方的大腦皮層（掌管理智）與左邊沒有過動症小朋友的比較起來，是較不活躍的。所以他們比較無法專注與持續性的理智思考，甚至是記憶（掌管理智那層的功能較差），也比較無法壓抑自己的情緒與衝動（第一層較無法影響第二層）。

看到這裡，大家應該可以推估過動症的孩子其實不是頑劣，他們的狀況跟高矮胖瘦一樣，大部分來自於先天體質上的影響。或許家中有過動兒的讀者看到這裡會有點灰心，「如果是先天體質，看來就沒救了？」當然不是這樣的。

在此我們來談談「利他能」這個藥物。它是一種中樞神經興奮劑，功能在於減低身體回收多巴胺與正腎上腺素的速度，特別是多巴胺（所以會增加大腦內的多巴胺與正腎上腺素的濃度）。多巴胺主要影響的區域，就是掌管理智的第一層腦區所包含的紋狀體與前額葉（多囉嗦一句，前額葉除了跟思考緊密相關外，也是關於人格特質的重要區塊喔）。

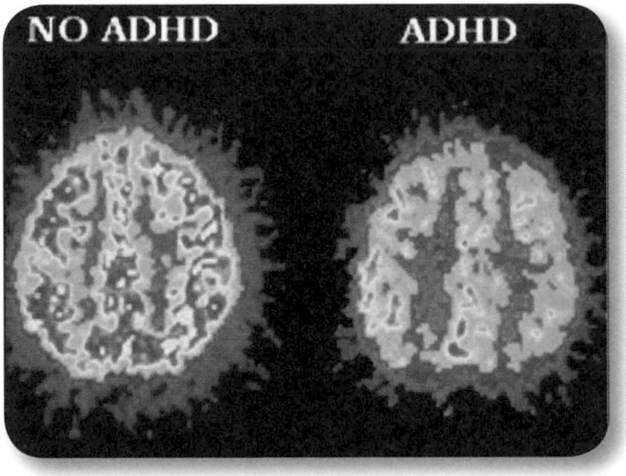

A Pet Scan ullustrating difference between a brain with ADHD and one without.
PHOTO: NEUROSCIENCENEWS

圖 1：有過動症及無過動症之小朋友大腦對比圖

資料來源：Zametkin et al, 1990

當使用藥物之後，多巴胺與正腎上腺素提升可以讓理智層腦區開始工作，除了能夠專心思考，也進而可壓制情緒層。合併起來，就會發現注意力提升，活動力下降。

第二個擔憂又來了，「這樣豈不是有吃有效，沒吃沒效嗎？」在長期使用利他能這類藥物之後，過動症小朋友的大腦會慢慢的長得越來越像沒有過動症小朋友的大腦。所以如果沒有太明顯的副作用，在小時候就被診斷出來有過動症的小朋友，一開始就可以服用利他能，對於日後的大腦功能發育其實不是壞事。

接下來家長又要問了，「這種東西既然是興奮劑，吃久不會成癮嗎？」我來說說醫學上的成癮門檻是怎麼一回事。在醫學上的成癮會有兩個要件，「**單位時間內夠多的劑量**」＋「**連續服用夠長的時間**」。以利他能來說，若按照醫師開立的處方劑量服用，沒有辦法達到所謂「單位時間內足夠的劑量」，也不太會開啟「因為多巴胺升高導致的欣愉感」，當然就不用擔心成癮的問題。加上過動症小朋友大部分對於需要長期培養的習慣，有種天然的排斥（過動症的孩子表示：每天都要記得吃藥，很煩啊），所以就更不會滿足「連續服用夠長的時間」這個前提。

過動症的非藥物治療模式雖不能說沒有，但往往須投入大量時間、心力與金錢，再加上為這個孩子量身打造並動態性調整的治療模式，才比較有機會看到顯著的效果。但在診間內，經常看到家屬一直抱怨自己為了這個孩子犧牲多少，像是辭掉工作，全家縮衣節食，只為了專心陪著孩子面對他的狀況。這種強烈情緒的壓力除了會讓親子間的張力持續增加，抵銷非藥物治療的效果，也會暗示孩子「現在家裡的狀況不好，都是因為你有過動症的關係」，讓孩子對過動症與自己產生更多的憤怒與沮喪，也讓孩子對家人的關心更形抗拒。最後常常在青春期前就功虧一簣，甚至因此錯過了黃金治療期，殊為可惜。

或許大家很好奇，為什麼我們要花這些篇幅討論過動症呢？本書不是要講負向情緒嗎？原因之一是藉此跟大家說明藥物成癮的門檻其實不低。跟醫師建立良好的互動，誠實回報自己用藥的狀況，配合醫師的治療計畫與變動，成癮的機會很小。再者，過動症在人口盛行率中約有十五%的比例，也就是一百個人當中，就有十五個人會有過動相關的特徵，而且以男性居多。這些人在成年後出現憂鬱、焦慮，甚至是物質濫用的比例，是其他人的數倍之多。當然，會有這樣狀況的原因是複雜的，生理與心理都有，理論再說下去，會太為繁瑣了。

特別要說的是，很多過動症的小朋友都會有一直滑手機或打電動的狀況，而且一打就是幾個小時不用停，所以，家長往往很難接受孩子有注意力不全的問題。但如果大家小時候打過電動就知道，除了遊戲本身的聲光刺激外，遊戲過程中往往只要集中注意力三到五分鐘，就會有一個階段性的結果。如果結果合意，則對正在遊戲的人來說，馬上會啟動與多巴胺相關的「犒賞系統」（reward system），並因此感到滿足。說白了，打一兩個小時的電動可能會刺激這個系統十幾次。但看書半個小時，卻可能把注意力都消耗殆盡了，犒賞系統卻連一次都啟動不了，當然孩子就能夠在電腦前面坐上好幾個小時，卻無法在書桌前面坐上三十分鐘了。

情緒用藥會上癮？「藥」吃一輩子？

前面在討論利他能的時候，有說到成癮的要件是「**在單位時間內服用夠多的劑量**」＋「**連續服用夠長的時間**」。以 alprazolam（商品名為「贊安諾」、「安邦」或是常見的「景安寧」）為例，教科書上說，速效劑型要一天吃八顆（共 4mg），連續吃十二週，才有機會成癮。所以，若作為應急用的藥物，或是做為抗憂鬱處方中的低劑量使用，成癮的機會應該是低的。不過常在診間聽到個案發現自己「不吃藥就睡不著」，因此會有是否對藥物成癮的擔憂。

再深入一點來看，這類藥物通常影響的是GABA受體。有沒有注意到，這個東西不在前面提到的三個重要神經傳導物質中。沒錯，如果目標是神經系統的內分泌長期穩定，進而達到情緒的穩定來說，並沒有很顯著的幫助。用通俗的話來說，就是治標不治本的藥物。這跟治療感冒一樣；絕大多數的感冒藥物其實都是症狀治療，真正把感冒病毒殺掉的還是人體本身的免疫系統。如果感冒藥怎麼吃都治不好症狀，則要去找其他的原因。

所以當個案表現出上述對於成癮的恐懼，我通常會試著讓個案瞭解，治療當中的「不吃藥就睡不著」與成癮應該是兩件事情。我會跟個案說明，「一開始是睡不著才會吃這類的藥物，沒錯吧？所以不吃睡不著，只是原來造成失眠的原因沒有被處理；甚至因為沒有處理，而進一步的惡化，但不是這些藥物導致現在的睡不著」。簡單來說，一個本來可以睡得很好的個案，變成不吃睡不著的狀況，應該要考慮的是原來的治療方向是否有誤，導致包含失眠在內的狀況沒有改善。甚至要跟個案討論他生活中的其他細節，看看是否有可能是其他藥物，或是其它生活習慣，乃至於壓力事件所導致。

還有一種是心理上的依賴，擔心自己沒有藥物，一定要帶藥物在身上才能安心出遠門，變成「吃不吃不重要；要吃的時候，不能沒有帶在身上才重要」。這個我認為，應該比較偏向是對自己狀況的不安全感，藉由藥物攜帶與否來表現，因此應該回歸焦慮相關的治療。

除此之外，在長期服用抗憂鬱處方時，憂鬱或是焦慮的狀況都已經解除，但很多個案會感受到自己仍然容易忘東忘西。這可能來自於抗憂鬱劑或鎮靜安眠類藥物的副作用，此時應該跟醫師討論調整處方的結構或劑量，以減低生活上的不便。

動一動，壞情緒 bye bye！

說到身體與情緒的關係，一定要提到的還有「運動」這件事情。規則的運動與充足的營養補充，對健康的持續維持有一定正面的影響。但運動也是一套學問，不是簡單跑步跑到流汗就好了。舉個例子，對於長期處於慢性壓力的個案，瑜伽或皮拉提斯等配合呼吸與伸展的運動就非常適合；而對於五十來歲，正在經歷男性更年期的個案，往往就要加強肌肉增量的訓練，來增加雄性素的分泌。

運動對於情緒的改善，莫過於腦內啡（endorphin）的釋放。這種神經傳導物質會直接讓疼痛感下降，也會讓人在腦內啡分泌的過程中，持續的感到愉悅，直到停止分泌為止。除此之外，持續的運動也會促進多巴胺、血清素與正腎上腺素的分泌，自然也會讓人的情緒有所改善。

經驗上來說，運動大概需要注意以下幾個重點：

1. 一週需要三到四次，每次強度不拘，只要維持主觀感受自己身體的代謝增加。時間約在三十至四十五分鐘即可。從這個階段開始，要做好熱身與冷身的舒展及保護，那怕運動量再少，都要維持。

2. 若習慣每週運動的頻率後，試著開始增加運動的強度，間段性的把心跳維持在每分鐘一百至一百三十下左右。一開始可以維持數分鐘即可，那怕三十至四十五分鐘內的運動，只有五分鐘做到，而且還是每次一分鐘，也無妨。

3. 以週為單位，嘗試每週微微增加心跳在每分鐘一百至一百三十下的時間，最後增加心跳連續維持每分鐘一百至一百三十下的時間，以十五分鐘為限，不建議再增加，但可增加運動時間到六十分鐘。

4. 通常可以達到上面的程度，大概需要數個月到一年的時間，接下來就要開始增加肌肉量的訓練。跟大家想像中不一樣的是，我建議不一定要上健身房不可。身體的運動，我認為最基本的功能就是用來移動自己，所以建議先從簡單的核心肌群運動開始。這方面的計畫，坊間有很多相關的書籍與專業人士可供諮詢，我就不多提。要是真的不知道要問誰，不妨去找復健科醫師自費諮詢吧！

只要特性符合上面的幾點，都可以算是好的運動，如健走、游泳，乃至於原始的瑜伽等等，關鍵點在於「避免自己受傷」、「持續的增加強度」、「持之以恆，並使之成為生活的一部分」。坊間有各式各樣的運動課程，其實都鼓勵大家去嘗試，只要符合這些原則就可以了。

大家可能會覺得很奇怪，為什麼進度會這麼慢？一般來說，台灣民眾運動風氣不是很好，加上明顯的壓力造成的代謝失常，會讓身體使用能量與運送廢物的機能處於某種無力的狀態。所以第一、二個階段是在喚醒這些機制，讓它開始加速。就像開車一樣，一檔、二檔、三檔…一路打上去，讓引擎從低速慢慢到高速運作。而非一口氣打到高速檔，這樣只會讓車子熄火，甚至損傷引擎而已。

反過來說，研究也顯示，若身體持續處於發炎的狀態，則憂鬱與焦慮的比例會大幅上升。如果本來就已經有隱隱的憂鬱與焦慮的狀態，又在沒有運動的習慣下，一口氣就把自己當成運動員一樣操練，如此只會把自己的身體搞到受傷發炎，進而在心理與生理上，都本能地對「運動」這件事情感到抗拒，最後只會抗拒持續運動而已。

我有不少個案在開始持續運動後，雖說一時半刻無法停止藥物使用，但在鎮靜安眠類藥物的需求上，便開始大幅減少。隨著運動的強度逐步養成，甚至很多都可以在一年內，就進展到只維持最基本的抗憂鬱劑來避免復發，而已經感受不太到原來的情緒症狀。

話雖如此，我非運動醫學相關專科，若各位讀者有任何疑問，或本身有任何疾病史與特殊體質，還是先請洽詢相關科別的醫師後，再行擬定運動計畫。

吃對了，讓你每天都有好心情

就如同前面所提過的，當我們試著供給動物無法製造的多巴胺、血清素與正腎上腺素的食物時，動物會產生相應的情緒問題。也曾談到酒精會大量消耗維生素B，特別是B1，長期下來會造成大腦不可回復的損失。這兩個例子，某個程度上也暗示了食物對於情緒的重要性。

此外，身體處於長期發炎的狀態，也會有憂鬱與焦慮的狀況出現。最明顯的例子是有自體免疫疾病的人，跟一般人比起來，比較容易有情緒疾患出現。

所以飲食的原則，無非就是補充缺乏的營養、降低發炎的狀況、並減少可能損傷身體的食物攝取。澱粉以包含麩皮、胚芽和胚乳的穀粒為主。精製澱粉往往會帶來血糖的異常，對於血管跟神經的健康會有不良的影響，而麩皮與胚芽往往帶有許多的維生素，可以降低身體的發炎狀況，增加神經的健康。

蛋白質則以白肉為主，盡量避免紅肉的攝取。並盡量採取不飽和脂肪酸作為油脂攝取的來源。大量攝取紅肉與飽和脂肪酸，目前被認為與心血管疾病有明顯的關聯。如果血管都有問題了，怎麼能期待靠著血管運送養分的大腦與神經系統會有健康的狀況呢？

此外，大量且天然的蔬果，除了可以攝取各種微量元素，達成上面所說的效果外，也可增加腸道的健康。一般人不太清楚的是，小腸也是身體製造血清素的重要場合之一。因此，增加腸道健康，也會讓人的情緒更加平穩，而遠離情緒疾患。進一步的說，也有人認為益生菌可以增強這個作用，不過這個部分就豐儉由人了。

上述是食物的烹調方式，則是盡量降低烹調料理的溫度與時間，除了可以減少食物中之重要營養被破壞的程度外，也可以避免處理過程中可能增加的有害物質，如丙烯醯胺（acrylamide）等。

案例一

慢性壓力既傷身也傷神，懂得釋放才是根本之道

許經理被朋友以高薪挖角到其在大陸投資的工廠，而且負責他所專長的事物，「對當時的我來說，這算是人生中的重要升級。」許經理在診間裡説道。當時不只薪水增加，連帶福利，甚至是放給許經理更大的權力，管更多的人。

但因為許經理算是空降部隊，本身並沒有任何的人脈根基，頗有「兵不知將，將不知兵」的困境。加上大陸的工廠本身暗藏許多問題，都是身為投資方的朋友沒有機會瞭解的，當然許經理也就無法事前評估就這些困境了。最後許經理只能一邊解決問題，一邊試著處理當地複雜的人際關係。慢慢的，許經理開始出現早醒的問題，而且醒來之後還會拖延到最後一刻才進辦公室。看到有人拿著資料向自己走來，便會開始心悸、胸悶。加上年紀大了，許經理開始戒菸，並試著每天早起去晨跑。之後上述的狀況有所改善，真正讓許經理覺得自己被擊垮的而前來求診的原因，則是下面這次事件。

有一天晚上工廠出現工安意外，許經理才剛吃飽飯，在宿舍裡看書，就接到電話。電話另一端也無法清楚的交代情況，結果就是許經理整晚都待在工廠確定狀況，直到確認沒

有問題才回宿舍休息。雖然沒有人員傷亡，但許經理從此之後動不動就會拿出手機來看，之前的早醒與心悸、胸悶不但在上班時間內惡化，連放鬆在宿舍時都開始出現。

最後讓許經理決定回台休息的原因是，他開始在放鬆的時候出現疑似手機鈴聲的幻覺，而無法放鬆。在跟廠方討論後，決定結束工作回台休息。回台之後，上述情況雖然有明顯改善，心悸、胸悶、早醒都逐步消失，但許經理還是會偶爾會疑似聽到手機鈴聲，那怕許經理已經把手機關掉，還是會再三懷疑自己「是不是沒有關手機」，而再三確認手機狀況。所以在朋友的介紹下，許經理前來尋求我的協助。

我跟許經理討論後，大概有下面的想法：

一開始的人際關係等慢性壓力，讓許經理的身心都處在十分緊繃的狀況，用動輒得咎來形容也不為過。雖然中間許經理利用運動排解壓力，但因為許經理始終處於慢性壓力下，所以即便有所排解，也僅僅達成某種平衡，不至於讓身心失序的狀況繼續惡化。但因為重大事件到來，許經理身心失衡的狀況開始慢慢無法回復，甚至隨著時間過去越來越糟，最後出現的聽幻覺不單是之前壓力事件的結果，更是一個新的壓力事件。這點在許經理每次看診時，總會再三確認「這個（聽錯覺）會不會一輩子就這樣了」，可以獲得側面的佐證。

因此，在解析許經理的壓力事件時，我們可以分成兩個部分。一個是在大陸的不愉快工作經驗，一個是對於自己身體狀況的擔憂。只要每出現一次聽幻覺（應該稱為「聽錯覺」），許經理就會再更害怕三分。也因為許經理對於自己的身體狀況十分擔憂，加上有傳統對於西藥的恐懼，怕上加怕，再三要求，先嘗試非藥物的治療，若真的沒有效果，再考慮藥物。

我先跟許經理討論最近一次的健康檢查結果，讓許經理跟我都確定其目前的身體狀況尚稱健康。特別是耳鼻喉科與神經科的報告，均顯示沒有明顯的問題。在確認沒有可能的內外科問題引發這種狀況後，我們試著讓許經理在疑似聽到手機鈴聲的時候，先深吸一口氣，確定自己先「穩住陣腳」。接下來仔細聽看看這個聲音的內容，並嘗試記住「到底聲音從哪個方向出現，與音量大小」等各種細節。確定真的不是手機鈴聲後，用家裡的電話撥自己的手機，重新聽一次真實版本的手機鈴聲，並與剛剛記憶中的聲音內容比對。

經過一段時間的嘗試後，許經理變得對真實的手機鈴聲較為敏感，但因為已經退休，所以反而不會害怕手機鈴聲響起。對於疑似鈴聲幻覺的部分，許經理還是會偶爾聽到，但因為熟悉真實的鈴聲，所以對於這種疑似幻覺的聲音，許經理慢慢變得不在意。甚至許經理發現原來是家裡門窗的風切聲，或是一些環境中的背景雜音，讓他誤以為是某個手機鈴聲的片段，之後許經理就更不擔心，治療到後來許經理會有意的把電話關掉，如果還聽到疑似鈴聲的聲音，許經理會對於「百分之百相信自己」這件事情感到十分開心。

「好像去大陸之前的那個自己又回來了。」在我告訴許經理治療應該已經初步完成，若之後還有什麼狀況再回來討論時，許經理這麼對我說。

還記得前面的「替自己的情緒打分數」嗎？如果許經理有做這個功課的話，應該會看到「每天的心情分數越來越低，但隨著工作狀況改善，分數有微微提升。工安事件後，分數更低。退休回家後，分數雖有改善，但仍無法回到去大陸工作前的狀況。所以長期事件裡的『工作壓力』消失了，只剩下擔心自己『聽錯覺』的部分，始終無法釋懷的原因，是因為擔心這個東西是不是不會好了，甚至有沒有可能帶來更糟的狀況（不管能不能想像這個狀況是什麼）。」所以，試著解決對於「聽錯覺」的恐懼，才是許經理改善的真正原因。

案例二

適當使用藥物，如可緩解症狀、改善情緒，何樂而不為？

小儀第一次求診時，是國二的學生。「有點脫線，但不至於是個壞孩子」，從小到大的每個老師都這麼形容小儀，「成績普通，但沒有什麼惡行惡跡」。在求學過程中，曾經有些老師提醒小儀的父母親，小儀可能有注意力不全的問題。所以，小儀的父母親曾在小儀就讀小學二年級時，帶小儀前往兒童心智科進行評估。當時也診斷為「注意力不全暨過動症候群，注意力不全型」。

但小儀的父母親覺得孩子健康乖巧就好，對於這個診斷也不甚在意，甚至有「我小時候也是這樣，現在不也活得好好的」的想法。也因此，注意力的問題在小儀上國中之前，似乎也只是小儀與父母親的談資而已。

在小儀上了國中之後，課業壓力突然變重，隨著要背誦與理解的內容越來越多，小儀跟不上學習進度的狀況越來越明顯。加上老師對於小儀的國中小成績落差非常的在意，雖然都是以口頭勉勵的方式來替小儀打氣，但小儀依舊感受到很大的壓力。壓力越大，小儀越無法專心，甚至到了看著黑板或書本，腦袋就一片空白的地步。隨著每次大小考的成績越來越差，小儀開始對每天都要出門上課感到害怕。，甚至在每晚睡前會開始哭泣，向父母說自己想休學。小儀的父母親這才驚覺狀況不對，因此在跟老師細談後，決定帶小儀前來就診。

與小儀的會談過程中，令人印象最深的是，小儀對於自己跟不上進度的強烈焦慮。比較表淺的原因是，「不想跟不上別人」，但細細探究，小儀發現自己常常聽不懂老師在說什麼，加上成績一直沒有起色，下課詢問同學，也往往會有「這個東西，老師不是才剛說過而已」的回話。雖然沒有感受到同學的惡意，但小儀因此也不太敢再詢問同學，而是「更努力想要聽懂」。但因為專注力無法集中太久，常常一回神，老師已經講完這一段，甚至連前一段都沒有聽到。因為過於片段而不連續的聽課，小儀在回家複習的過程中，又更加的辛苦且疲累，所以隔天的精神更差，更加無法專注。在這種惡性循環之下，「上課＝更多逼迫自己專心的時間＋更多學不會的東西」的概念成形在小儀的心中。「我好羨慕同學都能聽懂老師上課的內容，我好像笨蛋，什麼都不懂。」小儀在第一次的面談中，哭著對我這樣說。

與家人和小儀溝通後，我們很快地就開始使用「利他能」。在初步有效果之後，小儀慢慢地可以比較長時間的聽老師上課，而不至於走神。雖然使用利他能後，「讓自己專心」已經不再那麼讓小儀困擾，但之前對於上課的恐懼已經形成，所以只要一聽不懂，小儀還是會出現明顯的焦慮狀況。

面對這個狀況，一開始我先請小儀在感受到自己驚慌時，先嘗試做腹式呼吸，緩解焦慮。可惜效果不彰，因為在試著平靜的過程中，小儀發現自己還是聽不懂，且因為花時間讓自己平靜下來，所以又產生聽課的中斷。也因此，焦慮還是會不停地累積，甚至讓小儀產生「都已經吃藥了，為什麼我還是聽不懂？我可能真的是個笨蛋」的自我貶低。

在發現這個端倪後，我跟小儀的父母親討論，最後討論出一個方案是，讓小儀在週六上午延請家教老師，針對小儀從國一開始的課業，做量身打造式的補強。而隨著家教老師針對性的補強，小儀不但趕上學校的進度，並且還超前進度，同時開始不畏懼上課，甚至會期待去學校上課。「因為老師說的，我都可以聽懂了，還可以回答同學的問題」小儀對我如此說。

治療到此，只剩下繼續服藥嗎？當然不是。小儀在整個過程裡面，還表現出「挫折忍受度低」這個特徵。只是目前我們讓環境的挫折減低，所以沒有繼續造成症狀的惡化。但日後萬一有不得不的挫折呢？考慮到這點，我開始在每一次的對談中，跟小儀討論最近的人際關係，或是課業學習上的大小事件。也引入一些青少年的成長過程中，可能面對的困境與可以嘗試的解法。除此之外，也請父母親做好準備，如果日後還是出現自尊傷害，可能就要從比較沒有架構的門診會談，轉成比較有架構的心理治療了。不過，在這幾年間，小儀在每次有生活事件的時候，都會帶進診間跟我討論，慢慢的也形成自己的價值觀，進而對於挫折可以採取比較達觀的態度，真是萬幸。

過動症可能帶來的情緒困境，在小儀的例子中，我們大概可以一窺端倪。若從認知出發，大概就是從意識到「自己的不被喜愛，是來自於自己的與眾不同」，接下來就是「這個與眾不同，需要很大的努力去改變，但努力很辛苦，效果卻很不好」，最後就是「我是不是可以不要面對這個困境，所有人都對這個困境無能為力，可是為何都逼我去面對」。當然焦慮與憂鬱就都會跑出來了，自然會對相關的事物充滿抗拒，甚至因此而感到憤怒，這樣怎麼可能會有良好的情緒呢？

接下來，我們回到剛剛提到的大腦的三層結構，這有一個前提是，「層層相扣，卻又不能跨層影響」。也就是理智層與情緒層可以互相影響，情緒層與生命本能層可以互相影響，但理智層與生命本能層則不能互相影響。

有所疑惑的讀者，請試著做一件事情，「命令自己的心臟在接下來的一分鐘內跳五十下，一下不多，一下不少」，我想讀者們應該都是做不到的。我為啥說這個？上面這個說法要成立，就是讓理智層影響生命本能層，如此敘述應該比較能理解「第一層不能『直接』影響第三層」這個概念了。

第三層能不能直接影響第一層呢？請沒有呼吸道疾病的讀者試著短促的呼吸幾下，是不是只有產生「到底要幹嘛」的疑惑？所以「第三層無法『直接』影響第一層」，這樣的說明應該也可以理解了。

我們在這三層的概念上，延伸出兒童、青少年與成人的差異，在於慢慢的「由下而上」，也就是從原始的情緒本能作為動力來影響決策，逐步變成「由上往下」的從理性分析的決策，來壓制原始的情緒本能動力。

進一步來說，兒童的理智層尚未完全發育完成，所以會比較情緒化，但也就是利用這種情緒的量化去認知這個世界，所以行為模式偏向「由下而上」。加上量化的狀況與成人完全不同，所以兒時的傷害特別容易造成終身的影響。舉個例子來說，如果我們對一個五歲的孩子大吼「你給我滾出這個房間」，當下他所感受到的情緒，大概不下於成人突然看到怪手挖開自己家的天花板那般的巨大壓力。而成年人的行為模由上而下，所以可能會先觀察環境、確認狀況，再進行決策，然後利用自己的情緒動力去一一實行自己的決策。但孩子往往因為承擔太大的情緒而不知如何是好，所以會放聲大哭，或是遵從命令，腦袋裡只剩下「遵從命令就不會再次面對」的情緒記憶，並因此形成下次的行為模式。

在這邊奉勸各位當父母的讀者，我們對孩子的平等對話應該是來自於規則的遵守，而非情緒上的平等。例如當你跟小孩說好晚上七點之前寫完功課、洗好澡，就可以玩半個小時的平板電腦，而當孩子做到的時候，請輕言鼓勵他，希望他可以養成規律生活的好習慣。當孩子做不到的時候，也請只是溫和而堅定的拒絕他，而非像與其他成人爭執一般的咄咄逼人，或甚至充滿吼叫與冷暴力。一個青春期前的孩子感受到的情緒強度，絕對是成人在一樣情況下的數倍以上，請各位讀者務必放在心上。

青春期的大腦因為處於由下往上，與由上往下的銜接段，我們可以看到管理理智的地方以成人數十倍的速度在變化，而管理情緒（主要是杏仁核）的第二層，則是較為鈍化。這樣的大腦會有一些跟其他年齡層的不同特色，最重要的是「身體對於愉悅的感受增強，但對於負向的感受鈍化」。雖然十四至十五歲以上的青少年，理智相關皮層發育已經可以讓他們保持理智的行為模式（也就是比較偏向成人的「由上而下」行為模式），但在有同年齡人的陪伴下，會比較退回「由下而上」的行為模式。

加上對於愉悅的感受增強，對於負向的感受鈍化，導致青春期的人有更高的機會持續一些有風險或傷害身體的行為，並藉此獲得快樂。除此之外，這個時候的大腦正在高速的變化，連帶大腦的內分泌系統也是十分的不穩定，因此有四十%的人會沒有來由的持續感受到憂鬱、焦慮或其他負向情緒，裡面又會有三至五%的人會因此形成情緒疾患的診斷。進一步來說，這三至五%的人會有至少三分之一在成年後繼續被情緒疾患所困擾。也因此，雖然未成年人的情緒疾患用藥會有其風險，但在一些嚴重的個案上，用藥還是利大於弊的。

看到這裡，大家應該比較能理解過動症與情緒疾患等狀況，其實都是情緒層與理智層在不同狀況下的協同運作出了狀況。情緒疾患中憂鬱症的個案，會主觀感受到生活狀況不足以解釋的強烈情緒低落與無價值感，焦慮症則是感受到生活狀況不足以解釋的持續害怕，並因此有強烈的預防行為（大家可以回頭看看前面的情緒樹狀圖）。

實戰篇

生活中的負向情緒與其影響

第四章 失眠——我怎麼努力睡都睡不著！

案例一

一整晚上翻來覆去就是睡不著，而且不管怎麼睡都睡不飽！

劉小姐是一名上班族，自覺工作算輕鬆，畢業後就住在桃園家裡，與父母親相處融洽。男友在新竹科學園區上班，對於未來的計畫兩人多有共識，沒有什麼生活上的困境，或是一些需要思慮再三、難以抉擇的人生重大議題。

某一個週五開始，劉小姐就斷斷續續出現入睡困難的現象，之後兩、三週，幾乎每天都在床上滾超過兩個小時後才能入睡，結果每天早上都睡到遲到。週末好不容易可以放心睡，卻每天一覺睡到下午，醒來時卻發現越睡越累。在這樣的情況下，與家人及男友的相處時間大幅減少。

身邊的親友都勸劉小姐應該就醫，而從中醫、自律神經名醫、自然療法、胸腔科、精神科，都有人依據自己或聽說而來的經驗給予推薦。劉小姐後來自己上網搜尋一下相關的狀況，覺得自己亂猜也不是辦法，還是要找個醫師好好討論。最後因為在住家附近看到我的診所，並想起網路上或親友不管推薦哪一科，都說要長期看診，考慮日後長期看診的需求，所以踏進我的診所尋求協助。

案例二

打工、熬夜趕報告，明明就很累，晚上卻總是睡不好！

小綠是一名大二學生，在期中考前忙於尋找下一屆的學弟妹來交接社團幹部職務，卻找不到願意接受職務的學弟妹；加上下學期將要結束，報告與考試的壓力重重而來。雖然自覺都還應付得來，「但其實是仗著年輕，動不動就熬夜趕報告」小綠在看診一段時間後，感慨的說。

好不容易暑假到了，小綠又安排了一些排班制的打工。暑假過了一半後，小綠發現自己越來越睡不飽，且每晚都睡睡醒醒，精神越來越差。甚至開始在工作出錯，在一起工作的同學提醒後，小綠也開始擔心自己是不是生病了。之後小綠前往家醫科診所求助，家醫科醫師盡責地確認了小綠沒有明顯的內外科問題，認為應該轉由精神科處理，所以小綠趁暑假沒事，就找上作者求助了。

案例三

為什麼我吃了藥還是睡不著？

焦慮的黃太太，每天都用內科開立之鎮靜劑協助睡眠，時間已經超過十年，一直以來都覺得自己的狀況還算穩定。最近籌辦兒子的婚宴，「醫生你都不知道，古禮實在有夠繁雜的，忙到晚上十一、二點，躺下來就要睡著，要是睡不著，完蛋，隔天什麼事情都沒辦法做，又要被老公罵。」黃太太這麼說。才意識到原來的劑量無法讓自己如同以往一般快速入睡，又想到內科醫師再三保證，這僅僅只是解焦慮劑，請黃太太安心服用；結果黃太太開始增加劑量使用，一開始是兩顆就有很好的效果。一、兩個禮拜後，變成三顆、甚至四顆。最後到兒子婚宴結束，出國度蜜月後，本以為放下心中一塊大石頭的黃太太，卻發現自己連服用四顆也睡不著了。黃太太越想越害怕，最後在朋友的介紹下，前來尋求我的協助。

情緒決定你的睡眠品質

睡眠的問題可以講得很學術，但以個案的主觀來說，不外乎「睡不著」、「睡不深」、「睡不久」、「睡不飽」、「多夢」。可以聽到的敘述大概是：「躺到床上翻來翻去，兩個小時了還睡不著。好不容易睡著之後，又覺得腦袋整晚在運轉而沒有休息到，甚至兩個小時就醒來一次，醒來第二次或第三次就睡不著了；不然就是整晚都在作夢，好像沒睡一樣。」

在這段敘述裡面，其實每一句話都可以單獨成為一個症狀，或是跟其他症狀組合成更複雜的睡眠疾患表現，甚至可能是其他情緒有狀況，但藉由睡眠的方式表現。

精神科醫師常常在診間裡面，聽到個案如此的敘述：「自從發生某件事情之後，我就越來越睡不好，然後身體與情緒一路走下坡，最後才變成這樣。」彷彿自己一切的狀況都是來自於睡不著的問題，只要讓他好好睡上個三、四天就沒事了。

但事情有這麼簡單嗎？臨床經驗告訴我，這種論述成立的前提：「**身體的自癒能力還存在**」。當我們試著與個案一起探討，個案是否曾經藉由任何方式讓自己的睡眠改善，絕大多數人其實都有過許多嘗試，包含從運動到喝酒都有。但這些行為越多，往往暗示個案潛藏對失眠的焦慮程度越高。所以當這些方法並未替個案帶來想要的結果時，個案往往會對睡眠這件事情產生強烈的挫折感，並對於接下來的睡眠感到更為恐懼，最後往往只要入夜就開始害怕。說得誇張一點，這些人彷彿就活在恐怖片中，而來襲的妖魔鬼怪就是失眠。

這邊非得先說一下睡眠這件事情，不然大家會越來越聽不懂接下來的說明。

睡眠的生理機制

清醒的時候，全身的血液是均勻而且按照生理需求，將各個器官需要的能量帶入該區域，也把器官的產物與廢物帶往各自目標的器官與組織。但睡眠的時候，血液流動的側重區域則是類似鐘擺似的擺蕩，每一到兩個小時左右完成一次，從「大腦→身體其他器官→大腦」的擺盪。

圖1，大家姑且理解成是大腦在睡眠中的活動程度。越往上活動越旺盛，越往下活動則越平靜。在清醒的時候，大腦的活動是最旺盛的，隨著淺眠期逐步進入熟睡期後，大腦對血液的需求降到最低，僅占身體五%重量的大腦，在清醒時的活動，可以吃掉身體二十%左右的能量（大家或許不清楚，大腦是身體中數一數二高速持續耗能

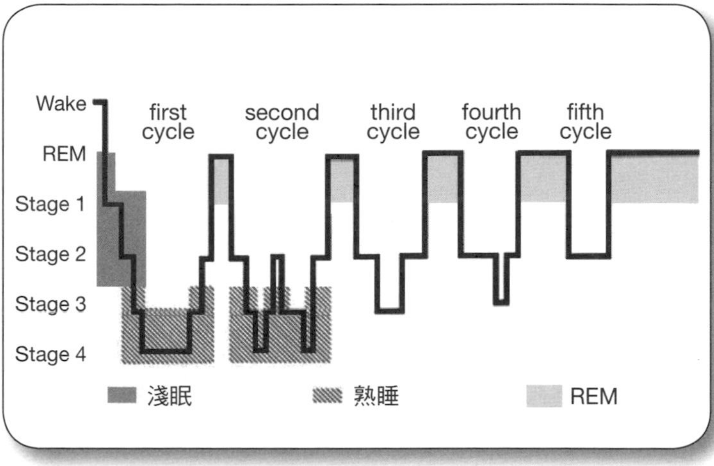

圖 1：大腦在睡眠中的活動狀況

資料來源：作者提供

又很難養的器官喔！除了某些特別的營養補充外，大腦只能使用葡萄糖。所以在一些需要用腦的場合時，請盡量在啟動大腦前一到兩小時補充完畢食物，才不會產生大腦與腸胃搶血液的問題）。

當進入睡眠鐘擺擺盪到身體時（熟睡期），全身的血液幾乎完全供給身體其他部分，連帶這二十％的能量都可以提供給身體其他器官。此時身體其他部分也已經停止其他耗能的行為。此時血液帶來這麼高的能量，身體的其他部分就可以開始進行各種重要的修復與重整，連帶免疫系統的活動都會在此達到高峰（這段就是所謂的非 REM 時期）。

經過一段時間，當鐘擺擺盪回大腦時，全身的血液都會轉而供給大腦服務，以略遜於清醒的時候，快速的消耗掉氧氣與能量來修復自己。除此之外，也會有一些腦區非常劇烈的活動，此時我們就會主觀感覺到自己在做夢。這一段時間就是所謂的「快速動眼期（Rapid Eye Movement）」。且隨著時間過去，每次熟睡期會越來越短，REM 時期則越來越長，直到結束睡眠。

在這段重要的休整時間中，為什麼我們要做夢呢？演化的過程不會留下不能用的功能，關鍵點在於「何時使用這個功能」。何況是這種天天都會用到的功能？所以我們或許可以試著猜想，做夢可能直接連接某些重要功能，或是某些重要功能的表現。雖然目前機制還不是百分之百清楚，但做夢目前被認為與記憶及情緒的整理有關。

以前有個觀念是，REM 時期就是做夢的時期，現在認為非 REM 的睡眠時間，大腦也在做情緒與記憶的整理，不過較偏向現實情境的記憶歸檔，REM 的夢境則更偏向情緒歸檔。有趣的地方在於我們可以聽到個案陳述自己的夢境，大部分都是光怪陸離而充滿情緒，也就是較可能為 REM 時期的夢境。

大家試著回想一下，前面有提到「情緒之於生存，是有重要意義，甚至是一種協助生存的動力」的概念。連結這個概念，我們可以試著去猜測，REM 是加強我們趨吉避凶能力的重要「溫習過程」。所以若我們判讀在日常生活中的場景會對我們生存產生威脅，我們就會將這些場景中的情緒提出來，連接過去相同情緒的場景，一起加強這種動力，讓我們更可以避開這些「情緒經驗判讀會影響自己生存的事件」。簡單的說，我們每天都在消化並累積新的情緒經驗，讓我們在隔天可以更好的趨吉避凶；也就是趨近讓我們覺得開心的，避免讓我們覺得害怕的，這不就是以情緒為動力嗎？本書的主題之一──憂鬱與焦慮，事實上就是我們拿來避凶的工具。

上述這些內容應該不脫一般人對於睡眠的想像，但大多數人不了解的是這些內容可以達成的前提在於，「情緒的處理在大腦可以負荷的範圍內」。

壓力好大、心情不好，睡不著！

在臨床上，我們會注意到，當情緒強烈到負擔不了的時候，個案的夢境開始變得更加鮮明，夢境中的情緒也開始更為強烈，甚至會有被夢驚醒，乃至於入睡困難或早醒的狀況（這就是所謂的「日有所思，夜有所夢」）。

如果我們先不看複雜的神經生理機制，單純用一般人可以理解的方式來說明的話，不妨把情緒與記憶當成未處理過的檔案，需要處理過才能歸檔。

當堆積的情緒與記憶沒有處理，大腦開始透支自己加班做這些事情，對於生活中會讓我們產生情緒的事件或情境，我們也會本能的抗拒它來避免更多的透支。若此時又逼著自己繼續面對這些事物，則大腦晚上透支自己來消化這些消化不了的東西，白天繼續透支自己來面對持續產生的壓力。在不斷透支的情況下，開始出現主觀腦力的下降，從包含專注力與邏輯思考，以及維持思考速度等等這些高等認知功能，本能的對於每天的生活感到煩躁，甚至到包含吃睡在內最基礎的生命本能都會受到影響，最後還會連帶產生一堆心悸、胸悶、全身痠痛、活力下降之類的身體反應。

（※註：上述內容中的身體反應，就是坊間盛傳的「自律神經失調」。很多檢查不出實際問題，或檢查出的問題不足以完全解釋的身體不適，往往都會聽到自律神經失調的說法。但事實上，大到思覺失調症、腦傷，小到一般生活壓力或生活事件，都可能造成大腦長時間的透支，進而誘發上述的機制。睡眠應該是做為此類症狀的一環，而非事件的原因。所以如果有醫師對你說出：「你應該是自律神經失調」，別害怕，這暗示你的身體其他器官都沒有問題，而是協調並下命令給這些器官的大腦有失衡的狀況，請直接尋找神經科或精神科處理吧！）

所以，如果連續幾個禮拜都睡不好，要先回過頭來檢視—「究竟自己生活中發生了什麼事情，而必須讓自己持續透支來面對並處理這樣的壓力」，這個概念應該是大家要正視放在心裡的事情，別用「別想那麼多就好」來應對自己身心的警訊喔！

如果睡眠的品質長期不良，大概就要懷疑是情緒疾患帶來的結果，是重大壓力或事件帶來的慢性憂鬱與焦慮，甚至是連自己都不知道的身體變化造成，而非懷疑因為長期睡不好才會產生這樣慢性的情緒困擾喔！

我們得先試著瞭解睡眠疾患這件事情，其實可以完全不用有原因。事實上，一年當中有兩成到四成的人會莫名其妙的突然開始睡不好，一個月內又莫名其妙的好睡了，這個狀況我們稱為急性失眠，也就是大腦裡掌管睡眠機制的腦區突然原因不明的當機。

不過醫學上，特別是精神科的症狀中，原因不明的很多，但有原因的通常都直指身體的內科問題，所以我通常遇到單純的失眠主述，也都會詢問個案最近的身體變化，甚至請個案聯絡自己的家醫科醫師做個簡單但全面的篩檢。不管結果如何，都務必帶著報告來與我討論。

寫到這裡，大家應該對睡眠疾患多少有點概念。說得清楚一點，長期的睡眠不佳往往不是一般人想像中的「病因」，而只是做為相關症狀的一部分。也因此，若開始出現睡眠問題，我們可以開始來釐清原因。

記錄自己的睡眠狀況：

1. 上床的時間
2. 「主觀上」，從躺在床上到入睡，所需的時間。
3. 中間醒來的次數，與「主觀上」再入睡所需的時間
4. 起床的時間
5. 起床後的精神狀態，是否要睡午覺？
6. 是否多夢？如果記得夢的內容，也不妨做為附註寫下來。
7. 睡眠的問題，大概持續多久了，最近是否有一些煩心的事情，或生活上的改變。

（※如果覺得這些原則性的東西太過繁瑣，可以上網下載「睡眠日記」來做紀錄。）

減少不良習慣，讓你不再失眠

主觀可理解的睡眠問題大概有「睡不著」、「睡不深」、「睡不久」、「睡不飽」、「多夢」，而我們在就醫之前，不妨先大概把自己發生的一些困境挑選出來，試著自己解決看看。當然這些問題有各自的原因與相關的生理及心理機轉，我們就不多做討論，但可以先做幾週內就會有效果的事情－「減少不良習慣」。一般人跌倒造成的大型擦傷，在就醫時，醫師都會先協助清潔傷口，再開立幾天份的抗生素來預防感染。但事實上，如果沒有一開始的清潔傷口，則吃再多的抗生素也很容易癒合不良，甚至搞到蜂窩性組織炎等嚴重的感染問題，討論失眠的狀況也可以使用類似的想法。不良的睡眠習慣在網路上都可以找得到，無非就是「抽菸喝酒用物質、憂鬱焦慮壓力大、日夜顛倒作息亂」。

立即可以改善的大概是減低物質的使用，最常見的就是酒、茶、咖啡或巧克力等等。以茶、咖啡、巧克力等物質來說，其含有會興奮中樞神經的物質，可以刺激大腦，讓大腦在一段時間內「透支」，來達到效率較高的運作，時間大概是幾個小時到十幾個小時不等。不過都說是透支了，借出來用的還是要還回去，只是這個償還的過程難不難受、能不能讓人感覺到而已。如果可以感覺到的話，就會變成透支的時間內睡不好，結束後沒有精神。

（一般來說，各種物質影響大腦的時間長短不一，但讀者不用記得這麼多，只要記得至少天黑後不喝茶跟咖啡就好。體質對這些刺激性物質越敏感的，每天要越早不喝茶跟咖啡，更別提只要沾到就睡不著的超級敏感體質了。）

所以要恢復睡眠的第一關，就是先不要使用任何可以直接刺激大腦的物質。

那有沒有什麼物質可以幫助睡眠呢？有的，而且很簡單。大家可以嘗試加一點點糖的溫牛奶，或是替自己煮個微糖的芝麻湯圓。血糖微微的升高與溫度較高的飲品，可以協助副交感神經興奮，讓身體感到放鬆。牛奶和黑芝麻中都含有容易吸收的鈣質，可以穩定神經，進而穩定情緒。注意到了嗎？目標是身體放鬆、情緒穩定，讓整個生理機制做它該做的事情，而非橫加干預。不過上述的方法要請有糖尿病或胃食道逆流的個案小心使用，或是直接前往諮詢醫師，會更簡單一點。

身心平穩，自然睡得好

接下來檢視自己是否有面臨什麼壓力，或身體有什麼疾病，乃至於正在服用什麼藥物。身體的疾病最常見的就是內分泌的問題、睡眠呼吸中止症、急慢性疼痛、神經退化疾病和腎臟疾病。特別要注意的是自體免疫疾病的部分，其實也與失眠和憂鬱、焦慮等有非常高的共病性。如果讀者有自體免疫疾病的話，也請務必比較仔細的注意自己的身心狀況。

如果發現有壓力事件，我們要捫心自問幾個問題，「這個壓力事件過去了嗎？如果過去了，我為什麼還會失眠？如果沒有過去，我該怎麼讓它過去？」

我常提醒個案，重點不是做什麼決定，而是在什麼情況下做決定。當長期失眠、情緒不穩的時候，往往會低估自己的能力，高估處境的艱難。所以在失眠這件事情上，不妨讓自己稍稍離開現在的壓力環境，然後仔細回顧一下失眠的困境與這個壓力的前後時序。找到關鍵點後，再試著思考對策。別忘了，還是要先重新評估自己的身心狀況，等穩定後再行決策喔！

假設我們先排除物質的影響，也假定大家身體都還算健康，沒有什麼會影響睡眠的內外科疾病，煩心的事情也解決了，接下來要做的事情就是「穩定作息」。最好的作息是「日出而作，日落而息」，這句話裡面蘊含兩個原則：「固定」與「沒有看到陽光的時候，就應該要準備睡覺了」。臨床上可以觀察到，長期大夜班的人可能幾個月到幾年後，才會開始慢慢有睡眠問題，而一旦開始出現，往往都蠻棘手的。但反面的例子是，因為時差問題而造成的失眠，通藉由正確的方式處理後，都可以很快的獲得改善，甚至絕大多數的人並不會因此前來就診，只是在家慢慢的調整，成功的機會很大。

在此要特別提到的是，人的身心其實是一個運用各種緩衝機制來達到平衡的系統，所以，當發現自己身處長期睡眠不佳的時候，往往也暗示自己的生理與心理也跟這種狀況，達成了一種新的平衡。要打破這個平衡，往往需要全面檢視自己的狀況，從影響最大的生活習慣開始改變。但並不是一開始改變就可以睡得很好，往往需要持續這樣的改變，維持幾週到幾個月的時間，才會看到明顯的改善。

常常聽到個案自述某個週末利用運動把自己搞得筋疲力竭，卻還是完全睡不著，此時我會建議照著前面提到的原則，開始培養運動的習慣。很多個案這個時候就會發現自己居然沒有時間或體力從事這樣的活動，於是第一個需要改變的議題就出來了。「讓自己每週都有三到四次的機會，可以放心從事各種中低強度的運動，而且是在沒有時間壓力的情況下。」之後往往就要開始檢視面對生活的心態，因而發現隱藏的焦慮與憂鬱症狀，這些都是很常見的。

上述所說都是通論，除了不能一概而論外，身處長期睡眠狀況不佳的人，常常早已習慣不良的生活習慣，加上沒有機會對比，根本就不知道原來自己的習慣才是造成睡眠問題的元凶，所以如果照著上面的方法，也自覺生活調整得差不多了，但還是有明顯的睡眠困難，則建議需找自己可以信任的醫師討論，以確定自己的狀況。

案例解析

案例一

劉小姐的身體檢查報告除了揭露輕微的貧血外，沒有發現其他足以影響睡眠的身體問題。所以我先請她試著維持開心的生活，睡眠先求飽，再求正常。睡不著就離開床鋪，不要在床上翻來覆去，像煎魚一樣。這種做法是希望減低擔心睡不著的焦慮感，不然光是躺在床上擔心自己睡不睡得著，就足以讓劉小姐擔心到整夜睡不著了。

離開床鋪後，不是就開始滑手機或看電視，原因是看到會動、會發光的事物，容易讓大腦以為現在還是需要清醒的狀況，所以會更容易睡不著。特別是會發出藍光的設備，請盡量避免。真的沒有看書習慣的讀者，或許試著把手機與螢幕都調成閱讀模式。一開始會對昏黃的介面不適應，但習慣之後，再回頭看原來的模式，反而會覺得原來的模式對眼睛負擔過重。除此之外，少讓眼睛接觸能量強的藍光，除了對睡眠有幫助外，對眼睛的健康也有很大的幫助喔！

我建議劉小姐在離開床鋪後，試著看看書，翻翻雜誌，等到有睡意了，再試著躺躺看。如果一躺到床上，精神就來了，乃至於怎麼樣都卡在某個點，而「睡不下去」，則可以服用我開立的藥物來幫助入睡。在這樣的狀況下，劉小姐從一開始的非服藥不可，慢慢變成下午可以睡個午覺。而關於可以睡午覺這件事情，我提醒劉小姐，這暗示她其實不一定要依靠藥物就可以入睡了。這件事情也給劉小姐很大的信心，之後隨著治療的進展，劉小姐逐步減低對於入睡困難的擔憂，最後只要知道身邊還有餘藥，就可以入睡，而不需要真的服用。至此，對劉小姐說明復發的早期徵象與可能造成復發的危險因素，請劉小姐務必小心留意後，就結束治療了。

案例二

第二個例子則是一般比較常見的狀況。小綠對於自己的睡眠問題，已經先一步尋求家醫科醫師的協助，確認沒有明顯的內外科問題後，再行求診精神科醫師。此時精神科醫師只要專心處理睡眠問題就好。

就跟外傷破皮後要先清洗傷口，才能開始上藥一樣，我先跟小綠說明「作息規律性」的重要性。簡單說，要讓大腦習慣按表操課，最好能習慣到像早上起床後，進浴室洗臉刷牙一樣，不知不覺就全部完成。但與許多醫師不同的地方是，我很相信人類跟自然的互動，加上小綠也為了睡眠問題把打工辭掉，將所有的時間都拿來處理自己的睡眠問題。所以我先請小綠盡量把生活過得「像之前沒有接社團幹部時的日子」，不要安排平常不會進行的活動，甚至太過劇烈的運動也盡量避免，但要維持一定程度的規律運動。

小綠接下來的一週，每天看看書、打打電動，與同學在網路上打打屁，「維持就算睡不著也沒有關係」的生活型態。感覺到睡意就睡睡看，睡不著不要硬躺，洗個熱水澡，做幾組腹式呼吸，再重新回到床上試試看。若一整天實行下來，晚上還是很累、睡不著，可以服用我開立的鎮靜類藥物，協助放鬆。

一開始小綠一天會睡上三、四次，一次短則十幾分鐘，長則一、兩個小時。晚上若不服用藥物，還是要到天亮才能睡。但到第二週開始，小綠開始晚上可以早點入睡，而且醒來還可以維持有精神到中午，下午也覺得午覺可以睡得比較沉。到了第四週的時候，小綠就可以維持早睡早起的生活，但到了下午還是容易覺得昏沉。

「大三咩，空堂比較多。如真的有課，偶爾撐一下也OK啦！」小綠趁開學前來看診時，笑著向我說了這些話。之後小綠雖然在期中考時仍免不了熬夜，但考完試後，也可以很快地回復正常的睡眠，所以我與她討論若在期末考結束後，確定沒有復發失眠，就可以結束治療了。**（這種調整作息方式有其爭議，不建議在沒有與醫師討論的情況下使用。）**

案例三

第三個例子中的黃太太，則是另一類常見的個案。「長期忽視自己身體的警訊，固執地認為自己睡得著就好，但其實長期身心都在某種危險平衡的狀況下。一個重大事件發生，大腦與身體就受不了了。就跟骨質疏鬆一樣，不骨折就覺得不會有問題。一直到真的跌倒骨折後，發現骨折怎麼樣都好不了，才驚覺之前太過輕忽。」我在診間裡試著對於第一次就診的黃太太這樣解釋。

綜觀黃太太本身的人格特質，我們發現黃太太對於人際關係的改變較為敏感，容易感到焦慮，且十分在意外界給予自己的評價。本次籌辦婚宴，黃太太希望能辦到「能讓兩邊的親友都覺得很有面子」，這本身就是一個重大壓力。黃太太一家與親家對於婚禮的過程都有各自堅持的古禮，兩邊只能不停討論，試著妥協出一個兩邊都可以接受的做法。加上一場大型的婚宴，從敲定日期開始，通常就會需要動員很多親友來協助，黃太太只能一直在這個過程中，反覆懷著對親友的歉意，請親友更改協助的事項。

所以，雖然黃太太只是覺得自己需要快點入睡，準時起床來繼續每天的生活，但事實上，她已經開始對於每日的生活感到煩躁，而這樣的慢性煩躁隨著時間過去並未減輕，不過在婚禮籌辦只有持續緩慢進展的情況下，黃太太不知不覺地失去生活的平衡。

黃太太本身是專職的家庭主婦，從結婚開始就一手包辦所有的家事，雖然繁雜，但因為熟練的關係，所以在此事之前並未有任何的問題。甚至黃太太也因此感到驕傲，「儘管自己一輩子沒有什麼很大的成就，可是我把全家人都照顧得很好，夫妻倆很健康，孩子們也都很優秀。」黃太太這麼對我說。

開始籌辦婚宴後，黃太太原來的生活幾乎完全被打亂。一開始是勉強自己辛苦忙完一天的家務安排後，還要花時間與親家討論，到後來隨著婚禮的時間越來越近，黃太太甚至一天得跟親家通上三、四次電話，反覆連繫。乃至於跟親家得約時間在外見面，進行更多細節的確認。拖著疲累的身軀，黃太太只能用零碎的時間，或是睡前的時間，盡可能的完成家務。所以每天的睡眠時間，是黃太太唯一可以讓身心都放鬆的時候，因此只要一有睡眠情況上的波動，黃太太就會增加藥物的劑量，讓自己可以安心的入睡。久而久之，原來的劑量就不足以讓黃太太安心，非得吃到較高的劑量才行。

在婚禮結束之後，照理來說黃太太已經沒有壓力，可以回歸到原始的生活，但黃太太本身對於睡眠的恐懼已經形成，而且因為年紀的關係，雖然沒有出現非常明顯的身體症狀，不過開始有一些自尊低下，覺得自己「吃老就要退後（台語）」的自我貶低想法。對於自己是否能維持目前的家庭環境，也感到十分的沒有信心。這些心理上的因素，也進一步惡化睡眠的困境。所以當服用高劑量的鎮靜類藥物，仍然對黃太太的入睡沒有幫助的時候，黃太太的恐懼與低落會同時出現，又再次惡化睡眠的問題。

考量黃太太的年齡與病前的人格，作者覺得很有可能有長期慢性，但尚未變成疾病的焦慮，只是這次藉由壓力事件徹底爆發出來。所以在與黃太太討論後，開始使用抗憂鬱劑，並調整鎮靜類藥物服用的時間，讓黃太太在晚飯後就先服用一顆鎮靜類藥物，盡量避免黃太太在睡前持續升高對於睡眠困難的恐懼。開始不那麼恐懼睡眠困境後，跟黃太太討論每日的生活安排。「每天早上起床，看看睡醒的時間點，再把每日打算做的家務都寫下來，安排到下午五點就好。」我最後跟黃太太決定照這個方式試試看。

（這邊穿插一個觀念，藥物從口到胃，胃到腸，腸到肝，肝到心，心再到腦，是一連串的過程。以口服錠劑來說，最快的藥物都要十五分鐘到半個小時才會生效。所以，舉凡吃進肚子裡的，大概都要比上述時間更久才會開始有效。至於有些人宣稱五分鐘就不省人事，往往跟藥物帶來的安慰劑效用有關，也就是「吃了藥，沒問題了」的安心感。因為安心，所以放鬆後很快就睡著了，或至少對時間的逝去較沒有感覺而已。）

按照上述建議做了一段時間之後，黃太太發現自己對家務的熟練程度，可以讓她比預想的時間還早做完表定的家務，所以甚至想要再多做其他的家務。我檢視黃太太的每日家務表時，發現這樣的狀況，於是提醒黃太太，「生活中還是得留點餘裕，不然一有事情發生，今天的做不完得拖到明天，雖然最後事情還是會做完，但心情就會受到影響，不是嗎？」黃太太接受這樣的建議，加上社區鄰居找她一起去上插花或舞蹈的課程，黃太太開始懷抱著愉快的心情，一早起床就把所有的家務做好，然後跟鄰居一起出門上課或喝茶聊天。

「很奇怪，以前每天都很擔心事情做不完。開始吃藥後，好像沒做完也沒關係，如果能做完更開心。」黃太太這樣說，證明我一開始的診斷是合理的，「黃太太應該有輕微但是慢性的焦慮，只是這次藉由睡眠問題被呈現出來。」

第五章

酒精——為什麼我越喝越鬱卒？

案例一

喝酒不是可以放鬆，怎麼我越喝越多，而且情緒越來越失控？

小王是一名入行約四、五年的房仲，在入行時正好是房地產的高峰期，所以只要付出努力，就會有收穫。小王也因為自己全年無休，日夜無論的服務態度，獲得了不少口碑與回頭客。並因為職業的關係，小王貸款買了三間套房，打算貸款的部分大部分用租金支付，等待房價再高一點，就馬上出售套利。但隨著房地產慢慢進入盤整期，小王的收入逐步減少，開始對房貸支付感到吃力。加上套房買在蛋白區，房價鬆動時，出售不但無法套利，反而連這幾年支付的貸款都會賠進去。

小王雖然還不至於捉襟見肘，但已感覺到套牢的壓力。由於過去幾年的服務口碑，讓他的客人不分晝夜隨時都可能撥電話進來，小王開始出現睡眠中斷與易醒，甚至偶爾會出現聽錯覺的狀況。前輩建議他，「晚上喝點紅酒，應該會比較有幫助。如果漏接電話，再向客人誠懇的道歉就好。為了工作把身體搞壞，不值得。」

小王照著前輩的建議，每天喝五十毫升左右的紅酒來幫助自己放鬆，一兩個月後，覺得自己入睡的狀況真的變得很不錯，也跟客戶建立起新的互動模式，自覺生活回到正常。而且小王仔細分析自己的狀況後，發現雖然市場景氣不好，但自己的收入下滑幅度並沒有大到需要吃老本的地步，同時也覺得這幾年的認真工作不是沒有積蓄，其實可以追求一點自己的興趣，讓生活不是只有工作而已。在因緣際會下，小王得知有好幾個客戶也熱衷於品酒，自己剛好晚上有喝酒的習慣，便無意中與客戶有了更多的共通話題，因此讓小王工作變得更加順利。小王進而開始研究紅酒，除了買書之外，自己每天晚上也越喝越多，甚至到了一週會喝掉十幾支紅酒的地步。

過了半年多，小王發現自己越來越容易發脾氣，而且睡眠的狀況越來越差，甚至出現忘東忘西、專注力下降等狀況，連簽名的時候都會感覺到自己握不太住筆。小王自己上網查詢症狀，認為自己是自律神經失調，所以前來求診。

案例二

小心喝酒上癮，不僅賠了健康，也傷害家人

劉先生曾是一間上市公司的業務經理。剛開始從業務做起時，跟著上司進出酒店、熱炒店，從北喝到南，再從南喝到北，硬是把自己的貨物從後倉喝到前倉。靠著酒膽與長袖善舞的社交能力，在商場上喝出一堆好交情。業務出任何狀況，劉先生一通電話過去，總是可以很快獲得解決。不過也因為這種一個禮拜喝八天半的情形，除了錯過孩子的成長外，連妻子也對他有諸多怨言。所以在孩子上了大學後，劉先生毅然決然決定退休，在家好好陪伴妻子。但重新回到家庭之後，劉先生發現自己對妻子的社交生活與休閒活動不感興趣，打開手機通訊錄只能聯絡到因為工作而結識的朋友們。於是劉先生跟妻子約定，當妻子在家的時候，劉先生也會待在家裡陪伴妻子，跟妻子一起看看電影、聽聽音樂，但妻子出門的時候，他則是去找以前的老夥伴們酒敘。

一開始這樣的生活還算平衡，甚至在孩子放暑假的時候，劉先生還安排一趟為時三週的家庭旅行，試著重新培養跟家人的情感。但隨著孩子結束假期，只剩劉先生夫婦倆在家，劉先生開始連白天無聊的時間，也會在家喝酒。就算出門找友人酒敘，因為隔天不用上班，劉先生喝到天亮才回家的狀況越來越頻繁。妻子對此十分不諒解，認為劉先生並沒有做到

對家庭的承諾，兩人因此爭執日多。心情不好的劉先生因此又喝得更兇，甚至一整天就喝掉超過一瓶。

這樣的狀況過了一兩年，劉先生的脾氣變得越來越差，跟妻子與其他家人的關係變得更為緊繃，劉先生因而對接下來的人生感到十分的悲觀，整天都只想用酒精麻痺自己。即便是喝酒喝到醉倒在客廳，也常常半夜驚醒之後，因為十分的煩躁，又開始大喝特喝。除了心情越來越惡劣外，劉先生用來協助入睡的酒精量也越來越高。最後劉先生發現自己開始出現忘東忘西的狀況，放朋友鴿子的次數越來越多，多到朋友都直接拒絕他的邀約，劉先生只能在家一個人喝悶酒。有一天劉先生起床要去拿酒喝的時候，雙腿一軟，直接跪倒在床前，怎麼樣都爬不起來。等到家人晚上發現的時候，劉先生已經失去意識，家人急忙聯絡救護車送到急診接受治療。

在救護車上時，劉先生居然還出現癲癇發作的狀況，因此便直接住進了神經科病房。在神經科病房治療兩週的時間中，劉先生省思自己這段時間的狀況，發現自己明明沒有太大的生活事件，除對於退休生活的規劃完全沒有達成外，甚至開始出現自殺的想法。所以在出院後，聽從神經科醫師的建議，前來尋求我的協助。

喝酒不能解決情緒問題

與一般物質不同的地方在於，酒精對於大腦的影響是直接而充滿傷害的。在婦產科，我們會聽到婦產科醫師這麼告誡孕婦：「酒精沒有安全劑量」，說的就是酒精會直接影響胎兒的神經發育，甚至造成畸胎。一般來說，酒精對情緒與行為的影響，一個是啟動大腦中多巴胺路徑相關的 GABA 神經元，減低對多巴胺釋放的抑制。另一個則是減低在這個路徑上，負責抑制多巴胺釋放的 Glutamate 相關神經元活動，一樣也會達成增加多巴胺釋放的效果。前面說到，多巴胺跟愉悅、興奮的情緒相關，所以這也是為什麼在使用酒精後，人會感到開心的原因之一。但這種狀況除了讓人感到愉快外，也會減低對自己行為的抑制，所以容易衝動、脫序。除此之外，酒精也會啟動鴉片類受體（opioid receptor）與大麻素受體（cannabinoids receptor）。這兩個受體會直接或間接地讓人感到愉悅，以及產生接下來的脫序行為。少量使用的時候，會因為上述去抑制化的關係，讓人感到輕鬆，並協助入睡。

進一步來說，酒是個案時常會使用的物質中，長期且影響最大的。在診間常常會聽到下面的說法：「朋友都勸我喝點小酒就好，不要學人家吃什麼安眠藥，會越吃越重，到時候越來越糟糕。」我心裡總是浮現一個疑問，「那你朋友有跟你說，酒也會越喝越多，而且酒癮造成的失眠比一般失眠更難治療嗎？」。

中長期使用酒精，往往會有失眠、憂鬱、焦慮、衝動控制下降、記憶問題，乃至失智症狀的出現，需特別注意的是，這些狀況大部分都無法完全復原。因為酒精的使用是消耗對神經細胞數一數二重要的維生素B群，特別是對維生素B1的大量損耗，會造成神經細胞外面的髓磷脂（myelin）異常，最後甚至可能引發去髓鞘化（demyelination），進而引發Wernicke-Korsakov腦疾。如到了這個地步，就再也無法完全回復了。

酒精對睡眠的影響大概就是入睡快，但之後會減低睡眠的深度，變成睡得淺又多夢，結果就是睡醒後覺得更累。簡單來說，酒精是中樞神經抑制物，所以一開始會讓大腦活動減低，人感到放鬆而好入睡。但幾個小時後，身體開始產生戒斷，一開始有多放鬆，後面就有多緊繃。大腦在這麼亢奮的情況下，便會造成睡眠的品質惡化。加上酒精在代謝過程中被轉換成乙醛，這是種對身體有害的物質，將導致身體不但沒辦法放鬆，還得額外耗費能量，使用排毒機制把這些東西排出去。要是真的排不出去，只好靠嘔吐把這些東西吐出來。大家想想，這樣的東西如果要大量使用才能入睡，是否真的對身體與睡眠有所幫助？還是「殺敵五百，自損三千」？

包含酒精與大部分安眠藥在內的某些物質，當持續使用後，會造成耐受性增加。簡單說，就是本來半杯就有你想要的效果，但之後慢慢變成一杯、兩杯，甚至怎麼喝都沒有效用。不過茶跟咖啡產生耐受性時，卻是變成稍微喝多一點了也不會透支太多，晚上也不太會影響睡眠。酒精則是變成要多喝才會放鬆，喝一、兩杯不會放鬆，所以開始越喝越多，之後的戒斷也來得更凶猛。越多的酒精進入身體，身體就得消耗掉越多的維他命B群來代謝酒精，大腦在飢餓的情況下，又要持續應對更為猛烈的酒精戒斷。就像是吃完早餐幾個小時後，強迫你吐出消化到一半的食物，再叫你去跑三千公尺一樣。光是這樣對大腦的影響，大概可以想見一斑。

酒精更麻煩的是，當長期飲酒協助入睡的個案開始不喝酒的時候，睡眠與情緒的實際狀況很快地就會出現，大部分的個案會先主觀感受到自己的情緒與睡眠變糟，而且會持續好一段時間，這段時間端視當初飲酒的時間與每次的量決定。最嚴重的類型就是酒癮，即需要更全面的治療計畫才行。

全新！新制多益TOEIC必備用書

扎實的學習內容、考試技巧、聽力、閱讀訓練！一次考到黃金認證！

全新！新制多益 TOEIC聽力題庫大全 NEW

作者／David Cho　定價／880元・雙書裝＋2MP3＋聽力答題訓練光碟＋音檔下載QR碼

多益之神David Cho博士，完全剖析聽力題型更新的最新考法！本書將一一為您分析多益改制重點、最新趨勢、拆解各Part題型。使用本書對策，就能破解所有難題！

全新！新制多益 TOEIC閱讀題庫大全 NEW

作者／David Cho　定價／880元・雙書裝＋單字音檔下載QR碼

多益之神David Cho博士，完全剖析閱讀題型更新的最新考法！本書整理基本文法概念、分類常用生字、整理常考題型，更針對改制後的題型提出實際的答題策略！

全新！新制多益 TOEIC聽力題庫解析

作者／Hackers Academia　定價／880元・雙書裝＋2MP3＋音檔下載QR碼

最新！試題分量最足！10回1000題模擬試題，準確率超高，根據考試實況，以英美澳加四國口音錄製試題音檔。讓考生聽到不同口音的考題也不會一頭霧水！

全新！新制多益 TOEIC閱讀題庫解析

作者／Hackers Academia　定價／880元・雙書裝＋單字音檔下載QR碼

最新！10回1000題模擬試題，分量最足！韓國最強多益破解機構，堅持每月入場應考，剖析真實出題傾向，全新編寫10回模擬試題！直攻多益900分絕對不是夢！

會說故事的人，先成功！美國演說女王教你用十個簡單祕訣抓住聽眾 NEW

圈粉百萬的故事法則

★美國亞馬遜讀者4.5星高分評價★你不是不會說話，只是「沒用對方法」！美國演說女王教你用十個故事法則打造好故事。只要掌握其中幾個要點，你就能立刻上台，全世界都想聽你說！

作者／唐娜・諾里斯
定價／320元

點閱率破7億！點擊之神教你文案爆紅10大公式，從吸睛標題到不敗主題一次搞定！ 暢銷

百萬點擊的寫作法則

金牌文案團隊的「百萬點擊寫作技巧」首度公開！不需要從頭培養文字力、不用花大錢學行銷寫作，無論你是零基礎、還是資深寫手，只要翻開書、套用流量公式，都能寫出讓人心癢難耐的熱門金句，輕鬆突破百萬點閱率！

作者／慎益秀
定價／360元

會用手機就會做！日本廣告大獎得主教你從企劃、製作到網路宣傳的最強攻略 熱賣

如何在FB、YouTube、IG做出爆紅影片

影片行銷，是現在最便宜且最具威力的行銷工具！資深廣告總監首度公開，快速啟動「顧客購買慾」的製作技巧，不需要專業團隊，零基礎做出「引導馬上下單」的行銷短片。只要手中有智慧型手機，你也做得到！

作者／中澤良直
定價／399元

成長，成事，成為極少數！更要成就自己的6堂行動蛻變課 話題

自我時代 優勢練習

在這個「獨立創作、自我成就」的浪潮中，看著他人奮力突破時，你會因為自己距離理想中的生活太遠，而戴上「厭世」的面具嗎？或是，隨口掛著「我就廢」「我就爛」玩笑，試圖掩蓋焦慮與著急呢？寫給所有「認為自己沒有天賦」而焦慮、想逃避的你，一套「不誇大、好執行」的優勢練習法。

作者／帥健翔
定價／399元

一步步教！超詳細！專為非專業人士所寫的機器學習指引 NEW

人人都學得會的網路大數據分析入門

你是領先群倫的專業人士，因此擔心自己或公司在資訊技術日益進步的時代淪為落伍者？你覺得「大數據、機器學習」對你來說是「遙不可及」嗎？作者精心設計用最易懂的方式，一個步驟一個步驟地教你如何由網路收集資料、如何統計分析。只有建立你自己的資料庫、活用大數據，靠量化分析才能讓你做出最精準的判斷與決策。

作者／贊贊小屋
定價／430元

不吃虧、不浪費！只要花小錢活用「社會保險及商業保險」，就能聰明打造CP值最高的超級保單 暢銷

最強保險搭配法則

商業保險不便宜，那你為什麼要把它浪費在社會保險已經有的部分？要了解勞保、健保、國保等社會保險有哪些內容，才可以把錢花在刀口上，打造CP值最高的人生安全網。

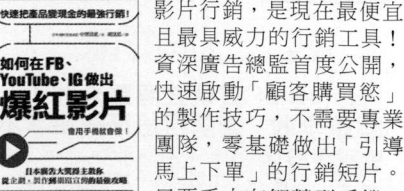

作者／吳家揚　定價／420元

好書出版・精銳盡出

台灣廣廈國際書版集團
Taiwan Mansion Cultural & Creative

BOOK GUIDE

2021 財經語言・秋季號 01

知・識・力・量・大

＊書籍定價以書本封底條碼為準

地址：中和區中山路2段359巷7號2樓
電話：02-2225-5777*310；105
傳真：02-2225-8052
E-mail：TaiwanMansion@booknews.com.tw
總代理：知遠文化事業有限公司
郵政劃撥：18788328
戶名：台灣廣廈有聲圖書有限公司

LA PRESS

語研學院

用最新的學習概念、高效學好外語

新書推薦

實境式照單全收！圖解韓語單字不用背

作者／朴芝英　定價／599元・附QR碼線上音檔

最全面韓語單字全圖解！收錄1500張實境照片並搭配詳細解說！免搭機，走麻煩的防疫流程！看書就像親身遊歷韓國學韓語！讓你一次「照單全收」記住每天都用得上的生活單字。

新制全民英檢中級寫作測驗必考題型

作者／陳頎、國際語言中心委員會　定價／450元

精準剖析「中譯英」和「英文作文」兩大出題核心，結合 40 種英檢「常考情境主題」、9 大類「必考文法句型」，讓你的英文寫作直擊高分核心、抓住得分重點！

新制全民英檢中級口說測驗必考題型

作者／陳頎　定價／450元・附MP3＋音檔下載QR碼

完整收錄英檢中級口說測驗「短文朗讀」、「回答問題」、「看圖敘述」三大題型，針對各種題型進行詳細解析，並示範穩健取分的考試技巧，以策略性回答戰勝英檢口說對臨場反應力的考驗。

我的第一本印尼語會話課本

作者／王麗蘭　定價／720元・附音檔下載QR碼

台灣唯一一本印尼語會話課本！「最系統化」的印尼語會話練習！初學者這次一定能夠輕鬆跟上！多種場景設計活學活用，立即可派上用場！自學、教學皆可用！

套用・替換・零失誤的英文寫作公式

作者／白善燁　定價／450元・附QR碼線上音檔

超過500句的百搭公式英文句，依「開場白、本文、結論」歸納出200個主題+20篇文章範例，讓你快速找到符合主題的用詞，免思考立刻套用，迅速完成一篇正確無誤又高分的英文作文！

即將出版

實境式照單全收！圖解西班牙語單字不用背

作者／鄭雲英　定價／520元・附QR碼線上音檔

史上第一本「實境式全圖解」西班牙語單字書！從居家生活到旅遊購物所需要的西班牙語全面解說！免搭機，走麻煩的防疫流程！看書就像親身遊歷西班牙學語言！

國際學村

最專業的教學教材選用書！暢銷外語學習書！

最強最好用的日語學習教材

我的第一本日語50音

50音打底

作者／國際語言中心委員會
定價／199元・附MP3

本書專為完全沒學過、或是學過50音但基礎仍不穩定的人所設計。有清楚講解＋豐富練習，自我學習、老師授課都很實用。從發音、筆順、單字，一步一步來，鞏固50音根基一本見效！

全新開始！學日語

經典教材

作者／劉世美　定價／448元
・附MP3＋練習簿＋手冊

從50音到單字、會話、文法、練習的全套完整課程，超強學習元素一次備齊！史上最完備的日文學習工具，無論是個人自學、老師教學、當補充教材皆合適！

我的第一本日語文法

搞懂日語

作者／五十嵐幸子　定價／399元
・附QR碼線上音檔

只要會50音，本書幫你快速打好日語文法基礎！一本專為外國人學日語設計的文法課本！採用課程單元式編排，自學、教學都適用！課末附練習題方便讀者掌握各單元學習進度！

在日實測！精準日本語

真實會話

作者／小針朋子、張恩濤
定價／499元・附QR碼線上音檔

本書由長年在日本當地生活的兩位作者，在日本的真實環境下靠著實際的經驗寫出最道地、用得上的大量日語萬用句，22個單元、143個主題一本書就能幫助你應付在日本生活的大小事！

實境式照單全收！圖解日語單字不用背

單字力UP

作者／小堀和彥　定價／499元・附QR碼線上音檔

史上第一本「實境式全圖解」日語單字書！由日籍作者為你親自解剖當地日本人的真實生活面貌，多年實地經驗研製、現地取景，完勝一般在台憑空想像的模擬學習！

圖解日本語敬語從這本開始

敬語力UP

作者／岩下宣子　定價／320元

用最淺顯易懂的圖解帶你重頭開始了解敬語，無論商務、電話、演講、婚喪喜慶、服務業等各種場合，話術與舉止不失禮，讓你真正學會對應各種場合的合宜日語！

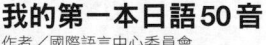

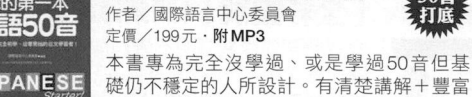

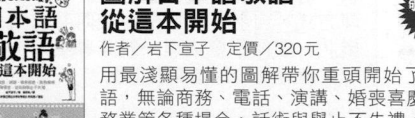

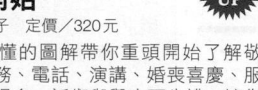

案例解析

案例一

上述提到的自律神經失調，其實就是大腦功能的失序，在此不多論述。而經過前面的論述，讀者應該可以看到小王其實已經解決了自己原來的幾個困境，包含對於環境危機的過度放大，對於自我的要求已經超出自己能負荷的範圍等等。雖然這些都是可能的原因，但小王確實靠著成功的放鬆與自我形象的重新建構，而解決這樣的問題。我也可以想像小王本身應該是一個很有「彈性」的人，與有些焦慮或憂鬱症的患者個性上會出現某些固著的人格特質不同。所以當小王進入診間的時候，我只要求他先戒酒，並開立可以協助戒酒的藥物給小王。考慮小王已經出現部分憂鬱的症狀，另外我也開立低劑量的抗憂鬱劑、解焦慮劑與高劑量的維他命B群給小王，讓小王在這段戒酒的時間內，可以維持情緒與生活的最基本穩定。

果然停止飲酒幾個月後，小王的睡眠與生活完全回復正常。我在逐步減低各種藥物後，小王的狀況也沒有任何的變化，因此很快的就結束治療了。

從小王的例子中，我們或許可以延伸想想，家庭與工作是我們生活中兩個很重要的部分，甚至我們會因為在家庭與工作中的表現，而直接的評斷自我。做得好，我們就可以因此獲得安穩的環境，並可以維持有安全感的生活，但若工作與家庭出現標準上的矛盾，就會直接導致憂鬱與焦慮的結果。

案例二

劉先生的狀況，就是酒癮與疑似酒精引發之憂鬱疾患。前面我們看過酒精對大腦的影響，也知道酒精對大腦的傷害當中，包含了讓情緒低落，甚至引發憂鬱症與焦慮症等狀況。但長期酒癮的人，除了會有大腦萎縮與相關的問題外，在突然停止使用的幾天內，會有神智混亂、癲癇發作，乃至於猝死的可能。當嚴重的酒癮個案上門尋求協助的時候，我都會詳細地告訴個案這種可能，並跟個案與家屬討論住院的可能性。若家屬與個案都拒絕這個選項時，我才會退而求其次的要求家屬輪班陪伴病人，若病人有任何神智不清的狀況，就要馬上送到急診。有了共識之後，我才會開始酒癮的治療。也曾經被家屬與個案埋怨過不通人情，但我也只能再三說明上述的危險性，希望家屬可以配合。

劉先生上門之後，我先接續神經科醫師的治療，繼續給予劉先生抗癲癇藥物、高劑量的維生素B群。此外，我跟劉先生討論他從退休之後的變化，以及清楚的說明酒精會對大腦的影響。劉先生跟家人才驚覺，原來這兩三年間的家庭問題都是喝酒喝出來的，而不能單單怪劉先生。當感受到家人的體諒後，劉先生開始對抗酒精對自己的影響。我們先給予足夠的鎮靜劑，讓劉先生在酒癮發作的時候，可以有緊急對抗的武器，也開始抗憂鬱的藥物治療。在這個過程中，家人對劉先生的包容，甚至雙方對彼此都感到歉意的狀況，讓劉先生發現自己的人生其實沒有過去天天飲酒時感到的那樣絕望。

除了藥物治療外，我也在家人陪同回診的過程中，引導家人與劉先生說出過去幾年的難過，以及對日後生活的美好期待。這段時間中，劉先生也發現自己即便理解從未被家人放棄後，仍然斷斷續續感覺到莫名的痛苦與無望感，更讓劉先生理解到自己的大腦已經出了狀況。經過一年的治療後，劉先生仍然持續抗憂鬱與失眠的治療，但生活已經回到常軌，跟家人的關係也回到很緊密而充滿支持的狀況，算是酒癮個案中治療較為成功的例子。

或許大家很難理解，「不就不要喝就好了嗎？這麼麻煩幹嘛？」酒精對酒癮個案來說，除了在使用的當下會感覺到放鬆與愉悅外，甚至有可能是生活的主軸與愉悅感的唯一來源。所以，當我們在協助個案對抗酒癮的時候，也要從這兩點下手。我常用的作法是把「戒酒」當成是生活的主軸，先讓個案理解到自己在對抗酒癮的痛苦，會對自己跟家庭有所幫助，也就是讓這個痛苦是有意義跟回饋的。但停止使用酒精後，身體持續的煩躁感往往會加強心理的痛苦，所以我們要給予足夠的鎮靜劑，讓個案在這段時期可以有武器來讓自己短暫不那麼痛苦。很多個案在開始使用酒精的時候，往往會有一些生活事件，可能是應酬需要，也有可能是借酒澆愁。但只要持續使用，最後總會傷害大腦。最後不管是「先酒後愁」，還是「先愁後酒」，結果都會變成愁酒二者互為因果，持續「愁酒交替，循環不止」的惡性循環。

也因此，慢性酒癮的個案，我們通常會給予抗憂鬱治療，讓個案在這個過程中，連帶可以一併處理自己的情緒。隨著個案停止使用酒精的時間越長，會越有機會讓個案因為自己「做到了」而感到滿足。話雖如此，個案往往會想念自己可以很輕易地就靠著酒精而獲得快樂的經驗。若無持續的心理治療與強大的支持系統，單純依靠藥物的方式來戒酒的過程往往容易失敗，所以也才會有一些宗教機構在較為偏僻的地點設立戒酒村，讓酒癮的個案身處於完全無法接觸到物質的環境中，過著規律的生活，每日從事各種平靜身心的活動，使之逐步控制自己對於物質的慾望，慢慢讓自己可以感到滿足且平靜。

第六章

家庭關係——父母與第二對父母

案例一

同是出嫁女兒，為何有兩套標準？

小麗從小到大都被稱讚是一個孝順的孩子，甚至結婚至今已五、六年了，也努力讓公婆認可自己是孝順的人，但在每年的春節假期，夫妻倆總會為了該如何分配各自的家庭這個議題鬧得很不愉快。公婆認為初二回娘家應該是晚餐，午餐時段應該留下來跟夫家一家人與回娘家的大小姑吃飯，所以每次當小麗的公婆詢問夫妻倆對於春節假期的安排時，小麗的丈夫總是回覆自己父母親心中的標準答案。

小麗對此總有滿腹委屈與難過，「每年父親都很希望我可以早點回家陪陪他們，也跟

祖先打聲招呼，不然晚上才回家，根本無法參與祭祖。」除此之外，小麗也對於要向公婆說明自己的想法，覺得有罪惡感而產生焦慮。「好像說出來就是一種忤逆」小麗這麼對我說。小麗也嘗試過跟丈夫溝通，但丈夫一句「我答應都答應了，難道你要逼我變成一個不孝的人嗎？」，小麗又感覺到自己好像做錯了些什麼，而無法再繼續溝通。

這一、兩年開始，小麗在越接近過年的時候，就會開始產生強烈的焦慮。「每年都會聽到父母親失望但體諒的安慰」、「所以我想早點回家跟父母親多相處一點時間，對公婆來說就是一個不孝的人嗎？」、「我這樣是在逼自己的丈夫嗎？」。小麗難過的對我說。

案例二

難道完全依照父母的安排，才是「孝順」？

出身南部縣市的錢小姐，在被母親帶來看診的時候結婚約三年，之前她是一個人在北部工作，因為朋友的介紹，才認識了現在的先生。錢小姐與先生在婚前交往約兩年的時間，過程中她覺得先生是一個愛家、孝順、有上進心，且脾氣好的人。錢小姐從小跟父母親關係很好，出社會之後雖然沒有太多額外的預算，但每個月仍多少會提撥一點孝親費給自己的父母，因此覺得與先生的價值觀和金錢觀應該都很接近。在婚前與先生的家人相處時，只覺得家中似乎都以先生的媽媽的意見為主，但好像也沒有什麼特別的狀況，先生跟他的手足也習慣順著媽媽。儘管先生與父母同住在一個屋簷下，有時真的有些不合的狀況，先生也都會遠遠避著自己的母親。於是錢小姐與先生溝通過後，兩個人決定要在婚後搬出去住，而先各自存房子的頭期款，等到存到一定的數字買了房子後，再結婚。

沒想到計畫趕不上變化，在交往一年後，錢小姐發現自己懷孕了。與先生討論後，決定簡單辦個婚宴，兩個人到戶政事務所登記一下就好。沒想到此時先生的母親強勢介入這件事情，堅持要大辦婚宴。「她說她丟不起這個人，兒子結個婚還要偷偷摸摸的」，錢小姐在診間裡帶著憤怒的對我述說當時的狀況，「我們當時覺得，不要在兩個人婚姻中的第一步就不受到夫家的祝福，所以我跟我先生只好拿出存到一半的房子頭期款，去辦一個鋪張的婚宴。」沒想到「一步錯，步步錯」，錢小姐夫婦倆為了早點存到房屋頭期款，所以在婚後就搬進婆家，先住在先生的房間裡。懷孕過程中，婆婆堅持要錢小姐好好待產，所以幾乎不讓她做家事。

但生完小孩、做完月子後，錢小姐陷入兩難。婆婆堅持要錢小姐在「辭掉工作」與「讓婆婆帶小孩」兩個選項中做選擇，拒絕延請保母的選項。當時錢小姐除了已經答應原來公司做完月子後會回去上班外，也對每天在家面對強勢的婆婆這件事情，開始感到壓力。在這樣的狀況下，錢小姐夫婦倆最後只得選擇讓婆婆幫忙帶孩子，錢小姐則回去上班。沒想到小孩越大，脾氣跟著也越大。看到碗裡有自己不喜歡吃的東西就摔碗盤，在百貨公司看到自己喜歡的玩具，就賴著不走，硬要父母親買，所求未果就會在地上打滾。甚至有一次在全家出遊時，因為經過錢小姐的大姑家附近，想下車到錢小姐的大姑家玩遭拒，而在高鐵上哭鬧打滾，堅持要下車。此時，錢小姐的婆婆都輕描淡寫的說：「孩子大了就懂事了，沒有必要責罵孩子。」

錢小姐覺得再這樣下去不行，所以跟先生討論後，便辭職在家帶小孩，但卻因此跟婆婆充滿衝突。管教孩子的過程中，婆婆總是會出面阻止，甚至當著孩子的面指責錢小姐的不是，「要孩子不要聽媽媽的，因為媽媽也要聽奶奶的」錢小姐說，這是她對與婆婆溝通完全失去信心的開始。

於是錢小姐試著與先生討論，請先生出面跟婆婆溝通。婆婆當下沒有說些什麼，但事後致電錢小姐的父母，質疑他們怎麼教養錢小姐，讓錢小姐唆使自己本來很乖的兒子一起忤逆她，連她的孫子都要搶走。

錢小姐的父母親也常聽自己的女兒抱怨自己婆婆的狀況，所以兩方就在電話中吵了起來。最後，錢小姐的婆婆對錢小姐的先生說到：「看你是要老婆還是媽媽，你自己挑一個。」感到壓力巨大的先生，因此遷怒錢小姐，認為媽媽不是不明理，何必搞成今天這個狀態。「你這樣不是逼我不孝嗎？你可以不孝，我不可以。孩子以後我們慢慢教就好，不要再跟媽媽槓上了，好嗎？」先生當時如此說。

錢小姐從那天之後，就開始覺得住在婆家與維持婚姻是一件很痛苦的事情。睜開眼睛就要面對婆婆，還要忍著憤怒、難過的心情做家事。先生下班後只關心錢小姐是否有跟婆婆吵架，其他都表示自己沒有辦法處理。

慢慢的，錢小姐開始產生憂鬱的相關症狀，動不動就哭泣、整晚失眠、食慾下降，體重在三個月內掉了十多公斤，甚至開始出現「死了或許會輕鬆點」的想法。對於他人的關心開始感到不知如何回應，甚至只要聽到他人關心自己的狀況，就會產生強烈的痛苦感，因此拒絕他人的關心。最後是錢小姐的先生發現自己的太太在網路上搜尋有關自殺的網頁，嚇得趕快帶錢小姐回娘家靜養。錢小姐的母親自遷到北部和兒子同住後，長期因為焦慮症在本院就診，因此就將錢小姐一起帶過來求診。

案例三

家人的不諒解，不能只是一味的委曲求全

何太太與先生結婚近三十年，這幾年雖說多少有些更年期的身體不適，但因為跟先生一家人都處得很好，也甘於在婆婆過世前的最後一段時間，忍著更年期的身體不適，好好的陪伴婆婆走完人生的最後一段。但在婆婆過世前一、兩個月，婆婆因為身體狀況的急速惡化，出現明顯的譫妄現象，在某些時候甚至會出現明顯的被害妄想與聽幻覺，被害妄想的對象之一就包含了何太太。因為醫師的說明，加上何先生對於何太太的辛苦都看在眼裡，所以對於太太對自己母親的付出，非常感恩。

但何太太的公公認為無風不起浪，加上對於親人離世的強烈痛苦，讓他把這些憤怒都轉到何太太身上，一直責怪何太太沒有費心照顧，才會讓老太太身體惡化得很快。因為一直以來，何太太都跟婆家住在同一個屋簷下，身為家庭主婦的她也習慣照顧兩老。現在婆婆走了，何太太跟先生也都有心理準備，要好好照顧公公。但公公對於何太太的態度並沒有隨著時間過去而有所改善，反而越來越差，甚至不願意跟兩個晚輩一起吃飯。

「難不成你們害死我老婆，現在還要讓你們害死我嗎？」何太太轉述公公的話時，一旁陪著太太就診的何先生難過得眼眶都紅了。因為何先生工作的關係，何太太每天都得單獨和公公相處十來個小時，而且因為責任感使然，何太太仍然勉強自己晨昏定省，把包含公公在內的一家人都照顧好。但對於公公動輒辱罵的狀況，何太太感到越來越害怕，對此，先生也只能在言語上寬慰何太太，只是何太太卻沒有因此感到輕鬆半分。

隨著害怕的情緒逐步增強，何太太開始有一些莫名其妙的恐懼感，哪怕先生帶著何太太出門散心，何太太也會擔心公公會不會尾隨而來，甚至覺得公公可能躲在什麼地方監視著自己。雖說何太太也瞭解這不合理，但那種感覺越來越強烈，加上晚上噩夢連連，專注力下降，最後因為在亮紅燈的時候過馬路，差點發生車禍，才由家人帶來看診。

別讓家人的親密關係成為你的情緒枷鎖

大家可能很好奇，家庭關係中為什麼我只列舉以媳婦為主角的例子。我的想法是，以媳婦為主角的架構雖然複雜，不過情感上也較為強烈，所以讀者們比較能感受到過程的起伏，更能瞭解過程中的脈絡。

在精神科的每日工作中，不管醫師個人視為圭臬的究竟是哪派的哲學或是技巧，都不可能完全不談到心理治療。西方的心理治療濫觴為佛洛伊德先生提出的精神分析。佛洛伊德先生認為，自我是本我與超我妥協出來的產物，所以終其一生，我們都在解決內在的困境與衝突。艾瑞克森則認為，人終其一生都試著在尋求自己的意志與表現是否被外在認同，從父母開始，一直到整個社會，最後反思自己是否認同這樣的自我。甚至還有榮格被東方文化影響，進而在自己的理論中充滿了禪學的影子。

這方面的學說非常的多，且每個治療師都有自己服膺的學派、哲學或是宗教。在治療病人這件事情上，我認為還是回歸到治療師用自己「如何看待人與世界的方式」為方式，嘗試陪著個案從治療師瞭解，甚至是治療師自己走過的途徑來讓個案更瞭解自己。這是一個非常漫長的過程，而覺察與改變總是伴隨著各種不舒服，甚至是痛苦，所以需要個案有強烈改變自我的動機，治療師才能在這個過程中陪伴個案走過各種記憶中的場景，進而陪伴個案化解內在的衝突。

舉個簡單的例子，「Monday Blue」。因為可以預期上班帶來的身體與心力的消耗，所以本能地拒絕這種會耗竭身心的活動。但出於某種約定俗成的社會期待，最後還是掙扎的從床上爬起來。

上面提到，情緒或許可當成是「經由先天遺傳或後天的學習，進而協助機體繼續生存的重要動力」。那責任與義務呢？在談這個之前，我們來想想社會是怎麼一回事（此處我們不引述嚴謹的定義了，協助大家理解，並學到如何與之相處比較重要）。

勇於面對自己的情緒不是錯

「人是群居的動物，或者稱為社會性的動物」，小時候念書時都會念到這一句，似乎跟太陽從東邊出來一樣，是顛撲不破的定理。但如果我們回頭看看東方社會的歷史，人在社會當中的定位其實是很模糊的。以我有限的知識來看，倫常禮儀一開始只是一種約定俗成的規則，大家照著規則來分工，聚落就能順利運行。當人越來越多，人與人之間的關係也就越來越複雜，規則也跟著越形複雜，好讓這個聚落能繼續順暢的運作，於此同時，社會的概念逐漸形成。過程中，逐步形成底線（或者我們稱之為法律）；而底線之外，會希望能更滿足這個規則，這種精神稱為美德（這邊的美德，就是平常我們口中的道德。但道德本身的涵義更複雜，為求嚴謹，故用美德。關於東方社會規則（禮儀）形成的過程，我推薦大家可以找「閒話中國人」來看。雖然不甚嚴謹，但這本書應該可以讓大家在不失輕鬆的氣氛下，稍微瞭解這個過程）。所以人人講善修德，天下太平，大家不就沒事了？當然不是。

我對形成美德的認知如下。以東方社會來說，一開始僅是為了讓社會順利運作的規則。但隨著群體運作的順暢與否，會有一些個體因為遵循某些抽象規則，卻讓其他個體可以更好或更輕鬆的遵循規則，這些抽象規則就被稱為美德，而這些個體也會因為遵循美德受到讚許。讚許往往代表了高度的「認同」，群體的認同則除了代表不會被排斥外，會有更高層次的安全感，也就是「被群體需要」。

不過東方的哲學重實踐，大哲學家往往也都是大政治家、大文學家，甚至是大軍事家。這樣的人往往能平衡自己的慾望與外在社會的要求，進而讓自己一方面符合於外在社會的要求，一方面持續以「若不被認同，一定是標準出問題，而非我自己出問題」的心態過生活（心理分析理論會認為這樣的人是強烈的自戀）。而內在對自我的認同十分強大的人，除了會因此讓身邊的人也都下意識的被影響，也會將此人的行為視為抽象規則的具體實踐。歷史上有名的例子很多，「楚王好細腰」與「葉公好龍」都是。所以這些人最後會達到「行自己的規則」，但規則會被他人認同，成為美德，而這個人就變成美德的具體化。

也因此，最後就會變成不這樣過生活的人，被視為是不遵守規則的個體，進而被整個群體以不同程度或面向的方式排斥，或者稱為「不認同」。如果個體不瞭解上述的狀況，不瞭解自己的行為與規則的關連，僅從他人的認同與否來認知自己是否合乎規則，焦慮就會因此產生。

簡單看一下上面的論述，我們試著把規則先分為「被別人認同才知道自己是否遵守的規則」與「被自己認同就知道遵守與否的規則」兩大群，不管是上述兩者的哪一類，所有的規則可以平衡、可以堆疊，唯獨不能衝突。若有衝突，則痛苦的情緒就因此產生；因為持續痛苦，進而產生憂鬱，想規避痛苦，則會產生焦慮。

先別談兩大類規則衝突的狀況，大家來思考一下，超過一種以上的自我認同的規則互相有所衝突的時候呢？就如同華人社會中的婆媳關係。社會價值觀中，我們有時會看到「孝順＝幾近無條件的讓長輩感到滿足」。在這個定義下，若「媳婦」自覺滿足「孝順」這件事情，我們會看到「媳婦」感到被社會價值觀認同，也被自己的配偶認同，而有強大的安全感。若這種滿足得以某種犧牲自我的意願達成，則視情節輕重會有不同的痛苦，此時我們就連結犧牲自我意願帶來的痛苦與被環境認同的安全感。當兩者在動態的不平衡下，就會因為糾葛與混亂產生痛苦，而對整個環境強烈的排斥（或者我們稱為「恨」吧）。

停止讓對方對你予取予求

寫到這裡，是否覺得這些行為常常出現在我們身邊呢？近幾年很流行「情緒勒索」這個詞，不過在我們的「行話」中，稱之為「操弄」(manipulation)。說白了，就是利用兩種規則的衝突，來達成自己想要的目標。這種目標往往在於人際關係中的滿足與權力的宣示，真實生活上的改變通常只是附帶而已。所以，更進一步的關鍵點在於，「當決定自己要如此平衡自己的規則」時，也一併劃出「底線」。問題是既然都被稱為情緒勒索了，那對方憑藉的是什麼？綁票勒索，憑藉的是對被勒索方來說，人質的安全比金錢重要。情緒勒索呢？我想憑藉的是「對被勒索方來說，關係的維持比自己的意願重要」。

例如說，當下屬對上司爭取加班不能太晚，不然會無法準時到達安親班接孩子下課，上司對下屬說：「意見這麼多，我看應該通知老闆，提拔你去當總經理，我聽你的命令就好。」。另一種常聽到的說法是：「公司很看重你，希望你不要讓公司失望。」這兩者都暗指上司感受到下屬試著改變兩者之間的權力結構，進而將自己在權力結構中的角色強化，並進行威脅，或者稱為操弄。通常我們要先思考一下，是什麼樣的行為讓上司感受到下屬正在試著改變權力結構或工作內容，進而發出威脅。當然，此時上司憑藉的就是「對下屬來說，與公司維持良好的關係，比自己的意願重要。」瞭解這點後，開始思考自己這樣的意願與後續的行為，目的為何？是否有妥協的空間？在這個例子中，目的就是孩子的安全，與公司的要求是否有妥協的空間。不管妥協與否，只要因為被操弄而改變自己的意願時，都會感到痛苦。時間一久，或狀況頻繁，還是會對這樣的環境感到憤怒。

所以，最為簡單的方式，莫過於劃清界線，設好停損點，並維持自己一貫的態度與作風。當對方開始進行勒索的時候，我們要瞭解對方的言行只是在暗示我們，他不惜要犧牲這段關係，也要獲得他想要的回應。則我們可以做的事情無非是不管對方勒索與否，我們都視自己的情況做自己覺得負荷得來，且心甘情願去做的事情。

就如同綁票勒索失敗一樣，勒索方可能有以下三種反應。

1. 放棄這次的勒索，把人質放走，
2. 傷害人質或甚至撕票，來發洩自己的憤怒
3. 不放棄這次的勒索，且轉變自己角色，軟化並「要求」被勒索方與自己達成協議。

放在人際關係的操弄上，則稍有不同：

1. 放棄這次的操弄，假裝沒事，但後續會有更多的測試。

2. 用非常劇烈的手段，包含出言表示要斷絕關係，或甚至是傷害自己來控訴被勒索方。
3. 半放棄這次的操弄，但會持續提到這件事情是多麼的傷害彼此的關係。

不管是哪種變化，都請大家務必劃清自己的界限，穩住自己的陣腳。請記得，這些行為都是對方逼迫自己就範的手段，只要對方一有這種行為，我們就應該遠離戰場。直到對方冷靜了，我們才繼續回到關係中，但依舊按照原來的方式相處。說白了，如果勒索方發現自己操弄與不操弄，被勒索方都是保持一貫的態度，並沒有因為操弄的行為而獲得更多的再保證，且也不會因為不操弄就關係疏離，才有機會開始一個平和且穩定的關係。

案例解析

案例一

在小麗的例子中，我們可以看到小麗對於角色的期待產生強烈的衝突，所以這個時候「自我的意願」就十分的重要，明白自己為何要做這個決定，希望的目標是什麼。要做到這件事情，需要長時間且深入的自我覺察，知道自己是個什麼樣的人，也知道自己無論如何都想要的是什麼，以及知道自己無論如何都不想要的是什麼。當無論如何都想要與無論如何都不想要的結果在同一件事情上發生的時候，要記得還有第三條路「選擇別個不會發生衝突的場景」。這也是為何需要深入的自我覺察，不然每一次面對衝突都選擇放棄該場景的話，最後就會發現每個場景的衝突都無法解決，連帶也搞不清楚自己真正堅持的點是什麼。

經過討論，小麗慢慢理解到自己罪惡感的來源在於，自己與先生都將「孝順」定義成是「順著父母的心意去做」。所以兩邊的「父母」的心意不同時，就會產生痛苦。因為親疏遠近的關係，小麗的先生選擇了讓自己罪惡感較低的做法，而經過引導，小麗開始發現她對於先生一家人原來有潛藏的憤怒。

除了對於丈夫在此議題上的不尊重外，小麗也對公婆怎麼會有兩套標準感到憤怒，「一樣都是出嫁的女兒，自己的女兒中午就要回來，別人家的女兒就要到晚上才能回去。」雖然小麗對於自己的憤怒還是會感到憤怒，但我試著請他回想，在接到父親的電話時，聽到父親失望的語氣所感受到的罪惡感與痛苦，何者她比較不想承受。

「我都不想承受，而且這樣會不會讓先生對我有意見？」小麗擔心的說。

「如果把你們夫妻視為同一個體，當然無法同時滿足兩邊父母的期待。但我好奇的是，你們有確認過雙方父母對於這個期待的『強度』嗎？還有，他們真正期待的是什麼？他們說的一家和樂到底長什麼樣子？」我詢問。

「不過，先與先生試著溝通看看，如果你認為夫妻本是一體，那沒有理由讓你一個人承擔這麼多的痛苦。」

在小麗與先生說明自己的痛苦，且已經到了需要找精神科醫師討論的地步後，先生才瞭解到自己的太太原來背負這麼巨大的壓力（此時要拜精神科被污名化所賜，先生把事情想得非常嚴重，只能說「塞翁失馬，焉知非福」了）。

夫妻倆鼓起勇氣跟公婆說明這幾年都沒有回去祭祖，希望公婆可以同意小麗今年不用留下來陪公婆吃午餐，早點回娘家參與祭祖。「沒想到公婆不但同意，還連帶要我先生陪我一起回去。」小麗開心的說「公婆說，哪有夫妻倆只有一個人參與祭祖的，一起回去。」之後兩個人也說好了，一年早點回娘家，一年就留下來陪先生的手足吃飯。

在小麗的案例中，其實我們運氣不錯，很快的就讓他們夫妻倆在不影響自己對於規則的認知下，可以解決目前的問題。

接下來看看錢小姐的例子。我聽完整個狀況後，認為從錢小姐的立場來看這件事情的話，整體脈絡大抵如下：

錢小姐從「自由被閹割」所產生的強烈焦慮，延伸到在「好太太」、「好媽媽」兩個角色中間產生矛盾。依照時序及事件來分辨的話，整理如下。

1. 頭期款被挪用來辦婚宴。可以看到錢小姐夫婦因為這次的事件，導致夫妻倆完全喪失在經濟上主導自己生活的能力。

2. 教養孩子權力的轉移。在孩子出生後，他們夫妻倆得暫時將孩子的教養交給婆婆；這個地方我們可以猜測，或許當時錢小姐也未嘗很反對這個作法，原因就是經濟上的不自由，導致錢小姐夫婦的焦慮，讓他們不自主的選擇了一個讓他們最快解決經濟不自由的做法。

3. 母親角色的扮演。當孩子的教養不如預期時，錢小姐打算犧牲掉經濟不自由來換取教養孩子的自由，也就是試著扮演好「好媽媽」的角色。此時可以看到婆婆在當中的競爭，而且錢小姐的丈夫在此處的角色看似中立，但其實已經屈服於自己的母親。

（錢小姐的丈夫總是閃躲與母親的紛爭，其實錢小姐的說明中已經看到端倪，不知道讀者們有沒有看到？所以錢小姐說服自己的丈夫去面對婆婆，並試著向婆婆說明夫妻倆的共識時，更是讓婆婆認為自己的兒子已經超出控制，加上在婆婆的觀念裡面，晚輩總是要尊重，甚至服從長輩，才會有撥電話給親家指責錢小姐唆使丈夫不孝，希望親家可以出面說服錢小姐，而非直接與錢小姐對談。從這裡也可以側面瞭解，錢小姐請先生出面處理雖然是合理的做法，但婆婆會不會平等理性的討論是一個未知數。這又牽涉到婆婆在這個家庭裡面所認知到的「好媽媽」的角色，是否包含接受兒子代表兒子與媳婦所組成的家庭，以平等的態度與另一個家庭的女主人討論兩個家庭的互相包容。）

最後是先生對於錢小姐的抱怨，讓錢小姐認知到丈夫已經不再跟自己有同盟關係，進而認為錢小姐是麻煩製造者，所以徹底擊潰錢小姐對於「好太太」、「好媽媽」的自我期待。到此，我們可以試著猜測錢小姐的狀況來自於，「被別人認同才知道自己是否遵守的規則」與「被自己認同就知道遵守與否的規則」的衝突。

接著馬上開始心理治療嗎？別忘了，錢小姐還有一個隱藏的惡化因子：家族史，也就是媽媽患有焦慮症的體質。而這種家族史暗示其體質遺傳連接到目前表現明顯的憂鬱狀況，也是醫師會比較積極考慮用藥的因素之一。

我們一開始先嘗試抗憂鬱處方，並在持續服用抗憂鬱處方後兩週左右，錢小姐的狀況開始有所穩定。但談到自己的婚姻，仍是充滿痛苦與不解。援引上述的脈絡，我們開始討論她理想中的「好媽媽」、「好太太」是怎麼一回事，甚至是「為什麼這樣是好的？那不好又是什麼？」

隨著這樣的討論，錢小姐開始反思自己期待的家庭與自己在當中扮演的角色為何，同時，也慢慢討論到她跟先生的同盟關係。從同盟關係開始，我們請錢小姐不定時的把自己的心得告訴先生，也試著聽聽看先生的反饋。原來先生確實是十分畏懼與母親衝突，而且先生抱怨錢小姐的話語，幾乎就是先生在成長過程中與自己的母親衝突後，父親會告訴先生的話。隨著互相理解，夫妻間的同盟關係逐步被修復後，先生開始帶著夫妻倆的共識試著重新安排生活。我提醒錢小姐夫妻倆，在做出任何的改變時，母親一定會有很多的情緒反應，試著像面對自己的孩子一樣，不要動氣，反覆解釋。如果母親拒絕溝通，或感覺母親的情緒已經大到收拾不了，也請誠懇地說明，「因為擔心吵架會影響情感，過幾天等媽媽氣消了，我們再談。」

援用這個原則，先生開始試著跟自己的母親平等的溝通。先從誠實的向母親說明，自己既然娶妻生子，就要對自己的家庭負責。但身為兒子，也有「自己覺得應該盡的孝道」，而不是簡單的「媽媽跟太太，兩個選一個」的選擇題。先生的母親一開始有諸多埋怨，甚至在對話中會比較其他手足與先生的不同，並因此埋怨。但靠著持續態度溫和的溝通，最後母親總算可以用「孩子長大了，有自己的想法」作為結論，也因此拉進先生的其他手足與母親的關係，反而是先生的原生家庭氣氛也變好不少。後來，先生也邀請自己的母親陪伴找住家附近出租的房子，「媽媽每次出門都會酸一下我，有了老婆就不要媽媽了。不過看到好的房子，還是很努力的幫忙跟房東砍價。」雖然經濟稍嫌拮据，不過一家三口週間過自己的日子，只有週末跟先生的父母親聚餐。錢小姐在經過長時間的服用藥物後，加上相信自己跟先生的同盟關係穩固，對於婆婆的批評雖然不至於完全不在意，但也可以當成是現在美好生活的代價了。

儘管本案例的主角是錢小姐，但大家有注意到嗎，錢小姐的先生也是在「好兒子」跟「好丈夫」的角色衝突中感到痛苦不已。因應他的狀況，我們試著讓他拾回並重新定義，其實也暗藏在權力結構中的地位互換。

在其他因為婆媳問題來求診的個案中，不乏公婆因此與個案鬧僵，甚至是同時與個案夫婦決裂。但就跟我們在青春期時，會有的個體化進程一般。當試著更依自己的意願生活時，勢必就會發生不如他人意願的狀況，衝突就因此產生。話雖如此，身為一名精神科醫師，我不鼓勵衝突，但鼓勵在衝突後誠實的面對情緒、來源、脈絡與各自的矛盾。

這裡我們試著把個體化這件事情說得更清楚。這裡說的個體化與叔本華和尼采所說的不盡相同，偏向榮格先生所談到的「分離與結合」。從上面的規則形成延伸下來說的話，就是試著將內在與外在的規則分離，並更進一步理解讓我們想分離的衝動原因，與新形成的規則。並藉著這個規則與外在規則的再碰撞，理解自己與整個社會文化的不同。而且藉由此認知，再次分離內在與外在的規則。依此循環，我們可以慢慢與社會和他人保持一個自己覺得舒服，同時可以在各種規則的碰撞中，依舊擁有穩定的內在。

案例三

第三個例子，其實是前兩個例子的延伸。何太太本身的焦慮非常明顯，甚至出現近乎妄想的感受，加上專注力下降，連帶影響自己的生活。加上更年期帶來的身體不適，何太太可以被確認為是焦慮症無疑。

以何太太的例子往上延伸，當我們遇到一些生活上的矛盾或困境時，不妨從事情的源頭開始思考，「為什麼我現在會感覺到這樣的情緒？又為什麼之前沒有？如果是某事件引發，則該事件的合理性呢？」

進一步來想，一個穩定的人際關係結構，會讓人感到安心與穩定，所以我們會不自覺的想要維持這樣的結構持續穩定。如果加上這個穩定是建立在某個個體的權威性上，則權力結構進一步形成，我們也會不自覺地維持這個個體的權威性與相關的權力結構。

原因是，當身處定型的權力結構或定型的人際關係的形勢下，為了讓自己優先獲得安全感，通常會先不質疑這樣的結構，並將此個體對自己的評斷引為圭臬般信奉。那怕已經確實瞭解這樣的評斷是有所偏頗的，仍然會持續的使用這種錯誤的評斷修改自己的行為，進而忘記持續思考這個權威性是否合理，最後的結果就是內在強烈的衝突，與之帶來的強烈不安。因為在這樣長期習慣並長期使用的行為模式下，一定會被我們持續的合理化，當這個合理化被推翻的時候，就會產生強烈的罪惡感與內疚。為了避免這樣的罪惡感，一般人會先減少面對恐懼事物的機會，但也更恐懼面對這些事物。以何太太來說，她的恐懼甚至已經影響部分的現實感了。

類似的機制，也發生在家中有失智老人的照護者身上。有些照護者會對於自己成為失智症家人的妄想主角感到十分痛苦，其常見的妄想內容如偷領錢、覺得自己將被照護者毒害等等。因為華人特有的家族觀念，照顧失智老人的照護者有很多都是「媳婦」，而如果這個媳婦原本就被認定是半個外人，於是乎在這樣的人際關係下便活得戰戰兢兢，同時照顧充滿妄想的失智老人壓力巨大，產生「照護者憂鬱」的機會極高，萬一再加上「天邊孝子」（意指平常遠在天邊，只有偶爾才會出現的孝子。其對於自己無法陪伴需要照顧的家人，這些人經常因此感到罪惡感，並將此情緒轉變成對照護者的挑剔），在完全不瞭解失智症可能連帶產生的妄想、幻覺等精神病症狀，一昧的責怪照護者時，則擔任主要照護者的人往往會產生強烈的憂鬱與焦慮症狀，甚至得跟失智的家人一起持續服藥，來維持目前的生活功能。

進一步來看，當家中的失智者具有明顯的精神症狀時，若沒有一個家人理解到，這可能是無中生有的精神病症狀，反而只是鄉愿的相信「無風不起浪」，是不是也很類似上面說的機轉呢？當這麼強烈的情緒出現時，每個人都會慣性的替自己的情緒尋求出口，以至於在關係中最弱勢的人得承擔所有的人的情緒。但包含承受者在內的所有人，卻常常忽略了一件很重要的事情：「誘發情緒的事件是否合理」。

當然不是每個失智症的個案都會發生這種狀況，希望家中有失智者的讀者們，都可以好好跟失智者的主治醫師配合，以瞭解症狀。甚至自己身邊也有天邊孝子的話，也可以與醫師討論，由醫師來對這些孝心用錯地方的家屬進行病情說明喔！

延伸來看，工作場域中的會議，其實就是為了盡可能避免這種事情的發生。如果所有人都是在理智的情況下，權威性就會從個體的意志變成某種抽象意義上的群體意志。

當然，事情沒有這麼簡單。前面曾經談到關於群體中規則的形成，當群體越大，內在與外在的規則就越複雜，當然衝突也就會越來越多。甚至連何謂美德的概念衝突時，衝突會到達最高點。人會下意識的遵循自己習慣的規則，並試著從規則中獲得自己的最大利益。在這個前提下，群體的分裂或內部的對抗就勢難避免了。

第七章

職場——為什麼我不能離職！

案例一

別再左右為難，委屈自己，正視面對你的情緒

小茹護專畢業後，在大一屆學姊的鼓勵下，直接就進入護理這個領域，並選擇學姊目前所在的醫院，進入最辛苦的單位。投入職場後，小茹很快的就跟其他同事打成一片。雖然要學的東西很多，小茹也抱著學習的心情，分擔單位上學姊有時分身乏術時的多餘工作。「有時候會忙到一回到家，就癱在床上動彈不得。」小茹說。

即便如此，小茹自覺年輕，體力還撐得住，薪資也還可以接受。最重要的是大家感情都很好，同舟共濟的感覺很棒，因此雖然父母親心疼小茹，但小茹要父母親安心，她會注

意自己的健康。沒想到真正擊倒小茹的不是工作問題，而是複雜的人際關係。

一切的穩定，都在兩位同事短時間內先後懷孕後，開始走樣。其中一位先懷孕的學姊A很清楚的向主管與大家說明自己打算離職，考慮大家工作辛苦，給予單位找人的時間，表示最晚在預產期前三個月一定要離職。另一位學姊B就比較複雜，夫家希望這位懷孕的學姊可以盡早離職，甚至動用關係向院長關說，希望她可以馬上離職。於是該單位的護理長對這位學姊B多有冷嘲熱諷，其他人也多有不諒解。

前面提到，小茹只要體力過得去，通常都願意對分身乏術的學姊伸出援手，但在某次協助這位懷孕的學姊B完成一件複雜的護理工作後，小茹被其他學姊要求「選邊站」。甚至還有位學姊帶著情緒，要小茹「別再拍馬屁了，人都快去生小孩了，再巴結也沒幾天了」。對此，小茹感到十分的不舒服。後來這位學姊向小茹道歉，說明自己當天其實有其他的心事，與單位上的氣氛不佳有關係。小茹趁此機會接著詢問與這兩位學姊有沒有破冰的可能，這位學姊卻很為難的要小茹也要保護好自己，其他就不願多說了。

「那個時候氣氛很詭異，連護理長都每天罵人。」小茹一邊嘆氣，一邊敘述當時的狀況。「後來想到要上班實在很痛苦，做也不是，不做也不是。雖說最後大家還是會完成自己的工作，不過再也沒有同甘共苦的感覺。」小茹在這樣的氣氛下，開始有入睡困難、早醒，甚至會在晚上夢到上班情境就醒過來。而且如果是跟學姊B一起上班的時候，就會開始心悸、胸悶。

在學姊B離職後，醫院並沒有立即補上人手，而學姊A的家人擔心學姊A的身體會負荷過大，也向醫院提出早點離職的申請。雖說大家對此還算體諒，但在學姊A離職後，大家的工作不免變得更為繁重。甚至會聽到其他同事以「那兩個叛徒」之類的話語來形容這兩位懷孕的同事。小茹覺得做得很不愉快，因而萌生了離職的念頭，但顧慮到單位短時間內少了三個人，其他人一定撐得更辛苦，加上小茹對於兩位學姊被以「叛徒」來形容，感到十分恐懼。

「只要想到提完離職後還要在單位內做幾個月，這種日子到底會有多難過，實在想都不敢想。」小茹在跟我說明病史，並回答我關於離職與否的想法與顧忌時，做出這樣的表述。在這樣的壓力下，小茹除了原來的睡眠困擾、心悸、胸悶外，也開始出現一些頻尿，找不到原因的肌肉疼痛、拉肚子，乃至於工作上出現因為分神而失誤的狀況。畢竟從事醫療相關工作，小茹對自己的狀況已經有些認知，認為應該跟精神壓力相關，所以就直接前來找我求助了。

案例二

誰說「能者多勞」，懂得說「不」，避免情緒勒索

年近四十的阿誠在現任的會計工作已經做了五年，每天都加班到晚上十一、二點，而在第一年報稅季忙完後，阿誠便覺得身體負荷得很吃力。沒想到有兩位同事在年末前陸續離職，第二年應對得更加辛苦。「第二位離職的同事甚至說自己上了賊船，勸大家早點離職。」阿誠首次求診時，苦笑地對我說。

阿誠也覺得自己的身體狀況應該無法繼續負荷，因此從兩年前開始，他數次提出離職的要求，但每每都因為長官的懇求與加薪的承諾而打消主意。「長官說的也沒錯，現在外面工作難找，我一個大男人好手好腳的，有工作比什麼都重要。」這是阿誠回應我，當聽到上司的說辭時，他內心的想法。

阿誠不是當時單位內唯一想離職的人，在接下來的兩三年間，阿誠的同事陸陸續續有人離職。最後只剩下阿誠跟另一位同事在這個單位待超過三年，剩下的五六個同事都是兩年內遞補進來的。因此，阿誠除了自己的工作外，還要訓練新人，甚至幫新人收拾出錯的殘局。阿誠因此加班加到更晚，對於同事開始失去耐性。新人出錯時，往往會招來阿誠嚴

厲的責備，結果連剛到職兩個月的新人都提離職。在接下來的半年內，因為各種跟阿誠的脾氣直接或間接的原因又走了三名新人。此時主管開始找阿誠討論，請他慢慢來，給新人一點上手的時間。因為主管的提醒，阿誠也發現自己脾氣越來越差，在心裡對自己提醒，對他人要多點寬容。但工作上只要遇到不順心，阿誠仍然無法控制自己的脾氣，甚至越來越糟。「現在年輕人跟以前不一樣了，我們都是老老實實的，被前輩罵還要心存感激。現在的新人多念兩句，就巴不得跟你輸贏一樣。最後我都不教，有問題就叫他們找上司，省得我做到流汗，人家嫌到流涎。」阿誠有次在看診時，如此感慨與自嘲。

此外，阿誠的家人也對阿誠的工作狀況頗有微詞。阿誠的父母對於孩子的婚姻，有較為傳統的觀念，認為工作只是阿誠不願意找對象結婚的理由。「現在都民國幾年了，還整天要我週末去相親。平常忙得半死，週末還常常加班，禮拜天我只想在家睡覺。沒想到家人居然還衝到租屋處，硬拉我去相親。」阿誠此時接著表示自己的無助，工作本身就壓力巨大，偶爾放假還要應對家人對他的要求與不諒解。

當我進一步詢問他的生活細節時，阿誠表示自己其實現在整天都只想躲在租屋處，禮拜天一早，就會因為覺得隔天要上班，而感到十分的痛苦，對於一整天的生活都有強烈的抗拒感。隨著時間過去，阿誠會開始感覺到十分的煩躁，甚至會有失眠的狀況。但阿誠也表示，週間的睡眠只會有怎麼睡都睡不飽的狀況，沒有其他的問題。

雖說阿誠除了無助感，與週末對生活的阻抗，以及自覺不算嚴重的睡眠困擾外，沒有自述其他的憂鬱狀況，但在跟阿誠談話的過程中，我注意到阿誠的表情一直都十分木然，因此更進一步的探詢：「這幾年，你開心的時候多，還是不開心的時候多。」阿誠想了幾秒，才回答我不開心的時候多，且多很多。進一步的詢問下去，發現阿誠有明顯的興趣喪失、社交退縮。「以前朋友找去喝酒，還會開心一點。這一年多來，連這些聚會都懶得去了。」與阿誠討論工作的壓力來源時，發現阿誠的工作效率越來越差，光只是打開電腦就覺得很煩躁。

雖然不至於做不下去，但往往在十點半左右，阿誠就需要去抽根菸、喝杯咖啡，放鬆一下。類似的狀況，下午跟晚上也都會出現。再更進一步的詢問下去，發現阿誠在這兩年的每日菸量大增，甚至有時一天需要兩包，而且大多數都是在睡前幾個小時抽的。「想到隔天要上班就很煩，菸就一根一根的一直點。」阿誠接著說，雖說知道抽菸不好，但在上班的時候動不動就想抽菸，實在提不起勁去做其他的事情，於是乎只能這樣過著。對阿誠來說，怎麼樣都睡得不是很安穩，才是他最在意的問題。正好聽到有失眠困擾的同事說在我這邊就診之後，其睡眠狀況大有改善，因此也前來找我求助。

不要再忍氣吞聲，拒當濫好人

我們一直看到許多的個案在慢性壓力的情況下，會出現找不到原因的身體不適。前文也提到關於「自律神經失調」的解釋，這邊我們試著往下多說一點。包含部分的腸躁症在內，小到緊張性頭痛、下背痛，大到不知原因的消化功能減退，往往都可以引入心身症的概念。簡單的說，這是一種對於環境適應的困境與壓力，進而帶動身體的長期警戒反應，引發的功能性失調。

我相信這段描述，大家一定有看沒有懂。前面說到的自律神經失調，我們大概說明了大腦在慢性壓力下的變化，而隨著大腦與身體一直處於某種透支且不平衡的狀況下太久，被透支的器官或系統便產生不良的反應，這些反應我們可稱為警戒的訊號，提醒個體不要再繼續面對這樣的環境或處境。最常聽到的例子，大概就是考試前的頻尿，與「小朋友在上課前的腹痛，但只要請假就好了」。所以，若我們把恐懼及對環境的戒備也廣義地納入與焦慮相關的範疇中，則心身症大部分可以以焦慮來解釋。所以在心身症的治療中，原則大部分也是跟一般焦慮不謀而合，無非是維持正常作息，認知行為上的改變，最後再考慮藥物的處理。

瞭解角色對自己的意義，無需他人認同

在討論家庭關係的例子中，我們還可以指出明確的痛苦來源，瞭解痛苦本身的矛盾所在，甚至可能許多讀者曾有類似的經驗，也能用各種方式走過。但如果是、甚至是彼此矛盾又相互依存的存在呢？之前看到的，夫妻倆的孝道觀念相同，但因標準浮動，而夫妻雙方同時產生痛苦；這樣的困境，就往往造成一個人或兩個人在內在與外在上，持續衝突與痛苦。（這邊要再一次的強調，持續的痛苦，會帶來強烈的無望與無助感，進而連結強烈的憂鬱。而畏懼這種痛苦，則會帶來強烈的恐懼，連接焦慮。）

人際關係再往外推展到工作的話呢？我們都知道，對大多數人來說，工作的最基本功能就是金錢收入，足以滿足生活上的物質需求，也就是「養家活口」。金錢的收入對人類的生活來說，就代表生物體的生存可以繼續。例如可以購買食物，不會挨餓；有衣服可以穿，不會受凍或曝曬；有居住地，免於環境或其他動物的侵襲，這些都是金錢對於生存的意義。所以，穩定工作的人就應該安全感十足，而一點痛苦都沒有？

當然不是。

我在遇到因為職場議題感到困擾的個案時，一定會問到「工作對你來說，這麼重

要的原因為何？」通常都會被個案反問：「這不重要嗎？」。不過我進一步追問後，大部分的個案都回答不出一個「為何對自己來說，工作很重要的原因」。

這些個案往往只是習慣於並接受「工作很重要」的觀念，卻從未瞭解「為何工作對自己是這麼的重要」，所以，也無法進一步在角色或衝突產生時做取捨。也因此，在解決規則或角色的衝突上，試著尋求工作或其他自己在意的人生重要事項對自己為何重要的原因，是非常重要的。

看到這裡，大家可能會開始思考，到底工作對自己的意義是什麼。甚至會覺得這種哲學性的問題，為什麼會出現在一本號稱要盡量寫到讓社會大眾都看懂的書籍裡面？其實任何原因都可以。有些個案可以清楚的給予「收入不好，就全家準備喝西北風」之類的回答，這些個案通常清楚自己前來求助的原因，也對治療目標有清楚的期待。雖然常常預期跟實際會有巨大的落差，如「我要十一點躺上床就準時睡著，隔天六點不用鬧鐘就起床，而且精神飽滿」，或是「最好可以讓我不要討厭老闆，或是聽到某位同事的聲音不要火大」，這種困難達成的目標，但總歸是清楚的目標。對於醫療的極限與妥協也往往可以理解，並因此與治療者很快的設定較為實際的治療目標。

所以，角色或規則的衝突，解決的關鍵點在於完全瞭解角色對自己的意義，與這個意義是否有哲學高度無關。

更為極端的原因是「過度在意外在對自己的認同與評價」。所以除了工作對自己人生的意義外，還有一個隱藏的意義是－「讓自己在別人眼中看起來，符合自己對自己的預期」。但碰觸到這種困境的時候，我會建議多閱讀哲學或宗教書籍來理解，我們不一定要獲得所有人的認同，但至少可以先嘗試從不同的面向來了解自己。

面對衝突，不再被他人情緒綁架

若面對工作時，我們的本能就一直提示自己「這個環境很危險，我們要想辦法避開」，強烈的焦慮就會因此產生。有一些人會提倡使用這樣的恐懼做為動力的來源，我認為這樣的作法只有短時間內可以奏效。前面提到，恐懼的本身是為了解決「此時此地的危機」，所以接下來要選擇戰鬥或逃走，然後可能連帶產生憤怒來繼續維持動力。當人習慣並運用這個恐懼做為在環境中生存的動力，總有一天我們會害怕自己不再恐懼，此時，我們就會因為恐懼自己不再恐懼，最後走向強烈的焦慮，並因此連接憂鬱與強烈的無望感。

我們再一次檢視群體、規則與角色的關係；我簡單的形容為「為了維持群體的運作而產生規則，根據個體遵循的規則不一定相同，而產生角色的定義。」

我們每天都在不同的規則下，扮演各種不同的角色。其中若規則產生衝突，則往往連帶產生痛苦。痛苦不一定是角色扮演的本身，往往也來自於犧牲其他角色帶來的滿足。若以工作的特性來說，扮演良好的工作角色，還要加上物質收入對於生活的必要性，有許多人在這個地方會選擇犧牲與工作對立的角色。若對該犧牲的角色設立的規則越複雜，則衝突後所感覺到的痛苦越強烈。但因為還是可以完成另一個角色（工作），所以還是可以讓人感到安心而持續。

從小茹的例子中，我們看到光是在工作上的規則，本身就可以充滿強烈的衝突。在認知上，我們不討論如何做好工作的內在衝突，或是試圖達成在工作上的平衡，而是藉由直接面對痛苦的本身：「規則的不完備，與不完備的規則產生的溫床」。更進一步的觀點是，「由人來判斷是否合乎標準的規則，本身就是不完備且帶著犧牲個人意願的特質」，而這種特質本身可能就是產生痛苦的根源之一。

綜觀前面提到的，從家庭到職場的人際關係變化，我們或許可以簡單下個結論：「各種不同的群體會產生相應的規則，當規則越多，則越容易產生規則間的矛盾與衝突。而人在越多不同的群體中生存，會扮演越多的角色，則需要適應越多的規則。在這樣的狀況下，則角色與角色中間的規則也會產生衝突，而在衝突中的選擇，則會帶來痛苦。」

往外推展，所有的人際關係都或許可以藉由這種方式推論。我們藉由人際關係在社會結構中獲得某種安全感，但我們是藉由兒時的經驗總結出某種方法。若這種方法來自於犧牲自己的某些快樂或意願，甚至是某種痛苦的話，就會導致情緒上的不舒適與安全感被連接，以至於越不舒適，我們就可以獲得越多的安全感。反過來，當開始舒適的時候，我們就會開始不安，甚至產生某種罪惡感。通常人在感覺到罪惡感的時候，會有一個對象，但這種罪惡感的對象通常很難找到，因為有一部分就是正在享受舒適的自己。這還是在某種平衡的狀態下，若痛苦與安全感是動態性的不平衡，個案往往會產生極度的糾葛，並因此感到更多的痛苦。

所以，可以推知痛苦來自於動態的不平衡；但若兩者為靜態的的不平衡，若以自我滿足為先，則「我死後，那怕洪水滔天」。若以社會價值觀為主，「殺身成仁」也未嘗不可。

這段很複雜，說起來也很枯燥，謝謝各位讀者可以一路看到這邊。接下來，我們嘗試破解人際關係上的困難。大家先做一點功課：

1. 盡可能記述自己的特點。不管是優點、缺點、特點，喜歡自己的點、不喜歡自己的點⋯，什麼都可以，盡可能的寫出來。這個東西至為重要，甚至可以詢問身邊的親友。但他人告知的部分，要另外列出，且要對這部分逐項寫下自己對此形容的感受。不管是贊同還是駁斥，也都請仔細的寫下來。這個部分沒有時間限制，可以是三天，也可以是三年。可以一直持續這個作業，來達到認識自己的效果。

2. 想想自己到底扮演多少自己覺得很重要的角色，如父／母親、兒女，丈夫、妻子、員工、老闆等等。各自想想在這個角色中，自己理想扮演的狀況，以及這樣扮演希望達到的目的。一樣，也請盡量充滿細節的描寫。

3. 想像一個自己會感覺到快樂的生活，最低的標準為何？請盡量充滿細節，如幾點起床，幾點刷牙等等。

讓情緒轉個彎

我在與個案討論到工作之於自己的意義時，有時候會不免討論人生的意義，大概的導語是這樣：「假設『人生都有意義，且意義都可以不同』的前提為真，再承認人有自由意志。所以有什麼意義其實不重要，如果『瞭解到自己的人生具有意義』這個狀態才是重要的，那真正有意義的是否為『尋找乃至於賦予人生意義』，而非『意義本身』？」還記得我認為東方社會下的規則是怎麼形成的嗎？幫大家複習一下，「規則是為了讓個體組成的群體運作得更好而存在的」。延伸來想，我們事實上可以無限制的修改自己生活的意義。但無限制的修改其實很容易再與其他的規則衝撞，進而又產生新的痛苦。取其平衡，懷抱著某種善良的信念而區分群體與個體的生活，但避免將自己過度的投入群體，或許是第一步避免更多衝突的方式。

當可以比較理解自己的生活可以不要與群體的運作綑綁時，不妨試著更深入的瞭解群體存在的目的，且此目的不以人的意志為依歸。在可以定義自己的人生意義之前，先想想看自己想要過什麼樣的生活型態。在看生活型態前，再請看看對於自己的特點記述。

藉由自己的特點記述，有時候會發現自己所認知到的自己與別人所認知到的自己，是完全不同的兩個樣子。這個時候，好好看看自己駁斥或贊同的理由，並試著更深度的理解這個理由是否符合自己記述部分的某個特點。若無，則請添進自己記述的部分，但要看看是否跟自己記述的部分有所衝突。若有所衝突，則請思考何者為自己主要的特色，何者為例外，並請寫下例外發生的條件。

通常這個作業進行一段時間後，我們會開始理解生活中充滿許多的破例，而這些狀況大概都跟角色的規則衝突相關。如「自己是個堅持時間觀念的人，但等著接孩子補習班下課的時候，往往得在車上等個幾十分鐘。每次等待都覺得很煩，但又不能對孩子發脾氣」。

開始做作業的前一兩個月，我們大概需要持續的填補作業1與作業2的內容。慢慢的，我們會有一個很全面的描述，此時請拿出不同顏色的筆，記錄這些衝突發生時，內心感到的情緒種類與強度。此時請檢視作業3，並請開始想想，有哪些衝突是在作業3中被規避掉的。這樣可以看到，我們不知不覺中就想規避掉的衝突有哪些。

如果可以，則試著理解角色存在的目的，並試著在不改變目的的情況下，改變規則本身的執行方式，或是減低衝突的頻率。如上述的例子，是否可延請配偶與自己輪班接送（減低衝突的頻率），或甚至提早到孩子的補習班附近，找個地方坐下來看看書，等孩子聯絡自己，再去接孩子（改變規則的執行方式）。

當然，這只是很粗淺的方式。如果還是衝突不斷，往往暗示規則的執行方法對個案來說有很重要的意涵，或是任何的改變都帶來強烈的焦慮與拒絕改變的感受；這個時候，建議可以找精神科醫師討論是否有慢性焦慮的可能。若有需要也可以請精神科醫師轉介心理治療資源，接受更進一步的自我探索，甚至是心理治療。

我們前面花了很多時間來討論規則的衝突，甚至是自己可以試著重寫這些規則。當個體化逐步完成的過程中，往往會有從外而內，從社會到家庭，甚至是自己形象本身的衝突，這些衝突雖說代表了人生的各種痛苦，但往往也讓我們可以更進一步理解規則形成的意義與目的，進而衡量與自我滿足的相關。更甚者，此種滿足又可以再次讓自我形象顯得更加清晰，也讓我們更加理解這個形象的相關規則。當各種規則對個體的重要性有越來越清楚地排序後，則更真實的內在就會慢慢浮現。

但要提醒大家的是，所有對個體的規則都是以「個體的持續存活」為前提與最後來達成「讓組織順暢運轉」的目的，因此在規則衝突的時候，有時會自然浮現「若自己（個體）不要持續存活（自殺或殺人），就不會有這些衝突」的想法。這種狀況無可厚非，但要提醒大家的是，這種想法只是表示此時衝突的規則，都十分重要，且在當下來說是同等的重要。也因此，試著用本書前面所提示的各種方法，先讓我們自己沉靜下來後，再次思考衝突的規則各自的背景與意義，並且理解這些意義為何重要，又為何不重要？真的無法平衡這樣的衝突時，請記得「個體的持續存活」是前提，若無這個前提，則其他規則將無法繼續被滿足，反而會妨礙最後的目的，也因此，若這些規則的衝突已經強烈到讓人質疑自己與他人的持續存在時，則這兩個規則都不妨放棄，而保有自我與他人繼續存在的狀況，才是真正解決此次規則衝突的方法。

我記得剛上大學的時候，聽過學長說過下面的話：「如果一堂課裡面翹課的學生只有一個，那有狀況的是學生。如果一堂課裡面翹課的學生有一半，則有狀況的應該是教授。」雖然是合理化翹課的推託之詞，但放在人際關係的互動上，則有一個重要的提示：「當我一人與全世界為敵的時候，為何要堅持與世界為敵呢？這個堅持的意義是什麼？為何角色的規則裡面，會以這個堅持為前提？」

案例解析

案例一

以小茹的處境來說，除了身體的不舒服外，大概可以符合「環境適應障礙」的診斷，因此治療上依舊回歸到情緒上的處理。藥物與生活調整的部分，這邊便不再多提了。

在我面對小茹這樣的狀況時，直接會想到的關鍵點是：「什麼樣的規則正在互相衝突？」我認為小茹正在經歷的規則衝突如下：

1. 單位群體形成的規則，其中包含了「在單位內權力結構的形成規則」、「在單位內的護理工作該如何完成的抽象規則」。

2. 達成美好人生憧憬的規則，包含被家人的認同、被同事的認同、社會責任的達成等等。

遵循這些規則，並獲得反饋，最後組合成小茹在工作中獲得對「我」這個概念的部分認知。前面說到，一個規則且穩定的人際關係系統會讓人形成安全感，並下意識的維護它。當兩位同事未懷孕的時候，包含小茹在內的其他同事，都可以把第一種規則納入第二種規則中。小茹甚至可以藉由主動協助他人的工作，加強工作再達成美好人生憧憬的重要性。（這邊是第一個提示：小茹的目的在於增強美好人生實現的可能。）

當兩個學姊懷孕的時候，對於這兩位學姊來說，如何達成美好人生的規則，馬上就與前一個規則衝突。加上懷孕過程中，工作開始力有未逮，所以衝突加劇。當然，不管最後有沒有從事護理工作，他們在其他同事、長官的眼中，都不再遵循第一個規則，也因此更難在工作上達成第二個規則。不過，因為對於家人的認同與社會責任的達成，甚至是身為人類養育下一代的本能等等，讓學姊A、B都可以在兩種規則的衝突中，繼續相信自己的做法是達成美好人生憧憬的正確道路之一。

反觀，護理長身為權力結構中的重要個體，直觀的以憤怒來表示自己的不願接受改變；不管是實際工作上的改變，或是減低對組織內的個體行使權力的能力。這種狀況的另一個例子，就像是準時上課的學生常常都得被老師當成翹課的學生痛罵一樣，都是為了抵抗權力被削弱之後所感受到的虛弱與無能為力。

以小茹來說，當學姊提醒她要「選邊站」的時候，就是提醒她要為了一個規則犧牲另一個規則。對於遵守第一個規則就等於遵守第二個規則的小茹來說，等同於宣告她過去的做法並不能帶給她安全感，反而會因為過度加強第一個規則而減低第二個規則。從「叛徒」的用詞來看，應該可以推估其他同事也多少有這種感受，所以在這樣的狀況下，小茹與其他同事不同的地方是，這個環境已經無法再給她足夠的安全感。因此小茹會想的事情是，「如果離職之後，會發生什麼事情？」，而非「離職好不好？」（**這裡是第二個提示：小茹對原來的做法是否能夠增強美好人生實現的可能，有所質疑。**）

大概瞭解這個脈絡之後，我們不妨繼續往下想。「當規則衝突，到底要選擇哪一個？」其實這個想法根本就是讓自己踏入焦慮的陷阱。前面說到，負向的情緒是生物體趨吉避凶的動力，這種「前有豺狼，後有虎豹」的窘境，根本就怎麼選都有問題，所以個體規避這種窘境的最快方法，就是避免讓自己再次進入該場域。這也側面解釋了小茹的身體不適與情緒症狀。

再回頭看看小茹，她慣性的利用第一個規則來達成第二個規則的目的；當她發現這個場所已經不能給她安全感時，小茹先堅持自己的做法，等到發現違反組織內的權力結構後，也連帶喪失在組織內的安全感。要破解這個狀況，我們要回歸規則形成的目標：「讓組織順暢的運作」。第一個規則的組織，就是小茹目前工作的單位；第二個規則的組織，就是以小茹為中心的人際關係舒適圈。所以解決的關鍵點，可以嘗試聚焦在兩者重疊的地方：單位裡的學姊。

因此，我試著跟小茹討論她在組織內有沒有什麼很不錯的朋友，小茹這時才發現，「雖然大家上班好像氣氛很好，沒班的時候也『Line』來『Line』去的，但其實沒有什麼私底下的互動。」我進一步與小茹討論其他人際關係中，最讓她信任的朋友和家人的關係，並試著做出比較。後來小茹才發現，原來自己對於學姊們的態度過於在意。「現在想想，其實大家也都是來上班，養家活口而已。能夠輕鬆點，當然希望輕鬆點。不過大家也都太累了，如果院方可以及時補人，應該也不會搞得這麼難看。原因還是整體環境太差，真希望大家也能理解。」小茹最後有這樣的結論。

（註：「Line」是一種通訊軟體，流行於東亞國家。）

帶著這種領悟，小茹在上班的時候，還是維持自己一貫的活力充沛。遇到來自單位內的責難時，也會試著去理解這個批評背後的動機與組織的連結，進而減低衝突感，因此也不再有身體的不適了。「了不起就不幹嘛。現在想想，實在沒有什麼好擔心的。」小茹某次在討論與男友對於護理工作可能影響婚姻的相關安排時，輕鬆的對我說。**（這裡有第三個提示：對於小茹來說，實現美好人生的可能路徑不只一條。而且路線衝突時，小茹已經排好重要性，不會再次被衝突影響。）**

在我遇到「職場規則與自我幸福人生的規則衝突」的個案中，小茹算是比較幸運的。很多個案安全感的唯一來源，就是工作成果相關的被肯定，與隨之而來的職場人際關係穩定。因為職場的人際關係穩定，又牽涉到金錢收入這種更為直觀的物質穩定感來源，因此更加複雜。

案例二

先撇開阿誠的藥物治療，我們先來看看阿誠面對的規則衝突。

1. 社會約定俗成的價值觀，讓阿誠困於「尊重自己感受的作法（離職）」與「尊重社會對於自己的期待（穩定的工作）」。簡單的說，阿誠本身的意願就充滿矛盾。
2. 倫理與意願的衝突，也就是長官或家人要求他做自己不是那麼願意做的事情，但他卻不知從何反對起。
3. 人我解決內在衝突的機制不同，包含「上司對阿誠與阿誠感覺到上司對新人的態度」，與「新人對於違背自己意願的要求所持的態度」。這樣的衝突，讓阿誠在面對新人的時候感到無所適從，只能採取被動攻擊的姿態。

以約定俗成的價值觀來說，阿誠無法離職的第一個考量點是「成年男性就應該有一份穩定的工作與收入」。上述的價值觀在阿誠的父母親，進一步延伸為「當一個男性有穩定收入的時候，則應該有自己的家庭，並可以生養下一代」。此處便產生了第一個衝突點：「就是這份穩定的工作造成阿誠無力、也沒有時間建立一段伴侶關係，更別談兩性家庭的組成與下一代的生養。」

我們對於不熟悉的事物，往往會先否認這個事物的存在，進而無限上綱的認為是人的問題。這種狀況其實頻繁的在我們的人際關係中出現，在面對某些讓人感到不快的事物時，我們總是先問「真的嗎？不會吧？」，若對此事物有較為廣泛的瞭解時，或許我們內心會浮現對此系統性問題的猜測。但若不清楚，往往容易對當事人下一個不是那麼公允的評斷。例如聽聞女性遭受性騷擾時，常常看到有人發表「不要穿那麼暴露就好」的意見，但發表的人可能連當事人的衣著打扮都沒有看過。在現代社會變遷速度越來越快的情況下，這樣的狀況也越來越常在我們周遭發現，大家可以留意看看。

回到阿誠的例子上，阿誠的父母也有這個問題。在他們的世界中，工作不可能會搞到一個人完全沒有私人生活的時間與空間，進而否認阿誠的問題真實存在。前文中曾談到，當人發現自己跟身邊的人不一樣的時候，會下意識地感到不安。這份不安又加強了對阿誠現在情況的否認，最後演變為在週日前往阿誠的租屋處，硬是把他拉出來，來對阿誠跟自己證明：「不是做不到，只是不願意」，卻沒有發現，這個行為只是把自己的不安傾瀉到自己的兒子身上，讓自己的兒子除了工作壓力外，還要承受家人的不信任與溝通困難帶來的壓力。

從這個規則出發後，我們進一步看到阿誠對於長官的態度也是如此。阿誠的上司不見得不清楚阿誠與其他同事的壓力，不然的話，就不會以懇求與加薪來留住阿誠。就如同面對父母親一般，阿誠已經習慣以較為消極但配合的態度，來面對權力結構中握有權力的人。更進一步的說，阿誠對離職也充滿了矛盾的感受，一方面屢次提出離職，另一方面，從阿誠回應中的「我一個好手好腳的大男人」，我們還是看到對於無法滿足自己社會角色的恐懼。加上上司的回應也喚起了阿誠對於自己無法符合社會價值觀的恐懼，最後加上經濟上的誘因（加薪），讓阿誠屢屢強迫自己繼續承受痛苦。對阿誠來說，目前的痛苦雖說逐步累積，但起碼是已知的。若要違背社會角色，帶來的痛苦則是未知的，這樣的未知又進一步加深阿誠的恐懼。一旦決定繼續承受痛苦，則未知消失，阿誠又回到繼續累積痛苦的循環中，直到下一次的爆發。

但人畢竟不是機器，在持續不斷的慢性壓力下，我們的身體與大腦都會為了持續承受壓力而透支，所以阿誠開始越來越無法承受負向的感受。只是他沒有意識到的是，他一開始也預期他人會如同自己一般，被動配合他人的要求，所以他對於新人的態度即是較不遮掩對於負向感受的不耐，並以「世代不同」來合理化自己當時的情緒反應。

但大家別忘了，阿誠其實出現類似輕鬱症的狀況已經一段時間了。進一步的推論，上述的衝突與痛苦都是阿誠本身會感覺到的，但程度上，或許不如阿誠現在感覺到的這麼明顯。因此，在開始與阿誠討論他對於這些在意事物的排序前，我們還是先開始抗憂鬱劑治療，直到阿誠對生活的阻抗開始降低時，再來看看對阿誠來說，「何者為輕，何者為重」。

開始抗憂鬱劑治療一段時間後，阿誠主觀感覺到自己的生活開始變得不那麼痛苦，週末也開始想安排一些休閒活動。但是因應加班，阿誠往往無法順心的安排自己的生活。於是，阿誠自己就直接向上司說明自己可以配合的極限，如果再多的工作也無法再負擔了。上司一開始還是故技重施，讓阿誠感到很為難。在跟我討論的過程中，我試著詢問阿誠，「你週週加班也很長一段時間了，公司在這個過程中想到的解決方法究竟為何呢？」阿誠一開始先說公司還是有補新人，說著說著才發現新人的工作態度跟自己完全不一樣，以至於新人時間一到就下班了，如果壓力太大或工作太累，則很快的就決定離職。但因為自己都會把新人輪替中間的爛攤子都收拾好，所以公司也沒有察覺到阿誠的狀況已經十分不穩定了。

阿誠此時也才發現，因為過去的矛盾思緒，所以他從未在打算離職的時候就開始找工作。在未來前途未卜的情況下，當然容易被長官說動；再加上憂鬱的狀況使然，讓阿誠持續感受到對未知的恐懼，沒有動力改變自己的生活。但這些內在的痛苦，在經過藥物治療一段時間後，已經有所減輕。討論至此，阿誠想出的做法是，給公司跟自己一段時間，一方面開始找工作，一方面看看上司能否看到他的改變後，也做出一些改變。結果阿誠很快的就拿到一家公司的 offer，因為條件差距甚大，特別是福利與休假的部分，讓阿誠很是心動，最後就直接離職了。在適應新的工作期間，阿誠仍然持續的看診，原因是他發現自己如果沒有服用藥物，雖然仍會感到較以往輕微，但情緒低落與沒有自信持續存在。

在這段過程中，我們也鼓勵阿誠利用這次成功的經驗，試著想想自己未來的生活方向，也試著向父母親分享自己未來的規劃與生活的細節。一開始，阿誠的父母親仍然抱持著憤怒與不解的情緒，認為阿誠只是在找理由。在我的持續提醒下，阿誠的態度始終溫和，且開始會分享自己參加活動時與他人的合照。過程中，阿誠的父母親對於阿誠在婚事上的態度，有逐步軟化的機向。

阿誠在結束治療前，雖說跟家人取得某種平衡，不過仍常聽到父母親對他婚事的擔憂，也覺得新的工作沒有想像中輕鬆，「但現在的狀況比以前好太多了，至少覺得事情是努力一下就可以做完的。婚姻這種事情，也只能隨緣了。」阿誠在結束治療前的最後一次看診時，這樣對我說。

我們可以看到，阿誠的角色規則有了新的定義：1. 工作上可以努力一下就做完，而不要影響自己的私人生活。2. 婚姻這件事情只能隨緣，父母親催促也不是自己可以決定的，不要過度影響自己的私人生活就好。雖說在很多事情上，還是可以看到被動配合的態度，但這個態度因為更清楚的定義：「不要過度影響自己的生活就好」，轉成某種包容與理解，而非帶有強烈情緒的「反擊」，如提到親事就翻臉，說到加班就離職之類的作法，這樣就顯得「矯枉過正」了。

進階篇

如何維持火熱的情緒力

第八章

強大自我——在改變自己的困境前，要做好的準備

這個章節我沒有試著舉出例子的原因在於，「每個人都有自己無力改變的困境」。也就是說，我們應該都可以試著看看自己生活中有什麼無法改變的困境，進而理解我們為何要持續忍受規則衝突帶來的痛苦，並以自我的強大來與此困境共存。

這樣的困境，通常是一個不習慣變動的個體或群體，跟不太上大環境的變動所造成的。前面的例子中，我們看到房仲業者因為房地產的景氣變化，而有人生的高低變化，甚至差點染上酒癮。也有對買房有所謂「剛性需求」的夫妻，打算在房價高漲的時候進場買房，剝奪自己的經濟自由後，感覺到自己處處受制於人，自己的生活最後變成一團亂。

正視匱乏，停止你的負面情緒

前面的內容已經寫出了一些困境，並簡單記述了我們面對這些困境時，如何針對性的解決這些困境的心法與步驟。但我往往會跟個案一起思考：「有沒有可能在一開始就不要因為規則的衝突感到痛苦？」

以房仲小王的例子來說，困境在於「過度放大自己面對的套牢」。在會談的過程中，我們可以看到小王急於追求某種成功，所以讓他過度的放大自己的投資槓桿。回過頭來看看小王的歷程，可以發現小王一直都有一種隱隱的不安定，所以在對於房地產景氣還不錯的時候，會為了把握機會而過度的投入，甚至因此拒絕思考可能失敗的未來。在景氣開始走下坡的時候，也無法直面這個變化，反而像是被印證了自己某種可怕的想像一般，被恐懼影響自己生命的軌跡。

或許有人會很直觀的將這個狀況視為「貪心」，但大多數人沒有想到的是，這樣的貪心有時會與人生中的某種匱乏經驗相關。有時候是喜愛的玩具買不到手，有時候是羨慕他人的生活方式，簡言之，我們感到貪心的前提，往往跟過去或現在的某種主觀上的匱乏有關，而匱乏，就會導致不安全感產生。最後，為了讓這個不安全感減低，就會產生強烈想要擁有的感受，當然就會讓人感受到「貪心」了。

進一步來思考匱乏。「匱乏」這個概念，是自己相對他人的。我有台摩托車，同事有台轎車，則我可能就感覺到相對的匱乏。接下來可能就開始發散的思考，「有了轎車，是否就比較不會遲到？還是天氣冷熱變化？」，如果後續有些困境，如遲到被老闆扣薪水，或在颱風天要冒雨出門，則又加強這樣的概念，慢慢的可能對自己的狀況感到憤怒或畏懼。甚至明明知道，買台車來讓自己上下班，絕對沒有天天叫 uber 來得便宜，但這樣的理解仍然無法壓抑自己已經感受到的匱乏，與強烈想填補的動力。如果沒有其他更強而有力的道德指引，則容易往彌補匱乏的方向前進。即便依靠其他的道德指引，而可以停止自己試圖彌補匱乏的行為，若不清楚理解自己，並因此而驕傲，時間一久，還是會累積在匱乏的經驗上，並可能在之後感到類似的匱乏時，再次重複上述的過程。上面這個例子中，我們試著看到匱乏的深層。我認為可能有的是「我不想跟別人不一樣」、「我想跟別人擁有一樣的東西」、「為什麼別人有，我沒有？」等等……這又更為深入。但往往讓我們感受到強烈衝突而使盡全力也無法滿足的，就是這些深層的匱乏。

看到房仲小王的例子，我們大概先猜他的匱乏為「他人開始達到，但自己尚未達到的某種抽象上的成功」。如果要更為細膩的深入，則還可以與小王討論，為何會冒著風險進行可能套牢的投資？

以錢小姐的例子來說，事件中的所有人都在某種匱乏的狀態下。錢小姐對於抽象自由的匱乏感，前面說很多了，我們在這邊接著看看錢小姐的婆婆。我認為她對於自己的「被重視感」有強烈的匱乏，小到婚宴的舉辦，是為了「丟不起那個臉」，大到爭奪教養孩子的權力。當然我們可以用控制欲來形容這個核心，但強烈的控制欲，往往也暗示了對於失控的強烈恐懼。所以失控會給這位母親帶來什麼呢？為何會害怕丟臉呢？如果丟了臉，又會發生什麼事情呢？這些其實都是我們可以去探尋的脈絡。

以「丟臉」來看，我試著解讀為「被群體的其他成員判讀自己的行為為輕微的違背規則，並被以『被動攻擊』的方式進行言語上的傷害」。也就是被戲謔的解讀自己的行為不符合群體內的規則。所以值得思考的地方在於，錢小姐與先生引進的規則不被接受之外，這位母親對於可能失控的兒子與未來的媳婦，更用了強硬的態度來表達自己的憤怒。我們之前談過，憤怒可能來自於恐懼，所以又從側面理解到這個母親的恐懼。

所謂的被動攻擊（passive aggression），是一種很特別的狀況。在我的感受中，它同時綜合了情緒勒索與表達憤怒的冷暴力。所謂的「反話」，就是一種常見的狀況。例如錢小姐的先生說的「你可以不孝，我不行」。大家應該都可以理解，撇開憤怒跟情緒勒索，其實錢小姐的先生說的是「希望你跟我一起用我的方式來對待我的父母」。還是我們可以說，憤怒可能與恐懼相關嗎？所以被動攻擊，其實也是暗示著恐懼與後面可能的匱乏，只是這種憤怒的表達更加的隱微。除了表達憤怒外，有些人會非常期待被攻擊方主動發起衝突。在我們的文化中，往往宣揚非肢體暴力，要有理智的溝通。因此發起被動攻擊的一方，往往可以藉著對方較為情緒化的回應，而獲得勝利的感受。

如果我們再回頭去細看書中的每個例子，其實每個例子中都多少藏了一些「匱乏」的感受。如果讀者們實在無法理解「匱乏」的概念，不妨試著以自己曾經「強烈地追求什麼」為起點，感受這種追求的可能動機，和腦海中閃過的人生經驗與情緒回憶。究竟這些強烈的匱乏之感，是否關連於某些成長時的困境？我的經驗是，通常都會有一些成長過程中的「勵志經驗」，也就是突然發現匱乏和連帶的負向感受，促使人避免匱乏再次發生。雖然個案往往覺得不太能夠將這些成長中的經驗，連接到現在這麼強烈的情緒就是了。但大家忽略的是，我們的情緒記憶是一直累積的。「冒雨騎腳踏車出門」，跟「一整年都冒雨騎腳踏車出門」，兩者造成的匱乏感與改變的動力強度，就會有天壤之別。一般人想像中的「重大生活事件」，雖說也有可能造成這種匱乏之感，但這種重大生活事件，往往個案也可以很清楚回憶起這些事情所帶來的影響，甚至連整個脈絡都可以敘述得栩栩如生。跟我文中提到的，不知從何而來的強烈匱乏與空虛感，連帶造成強烈的動力，卻不知「為何而戰、為誰而戰」，是有天壤之別的。

改變困境不二法門──強大自尊，愛自己

這段很抽象。在我說應對這種困境的心法之前，希望大家可以停下來想想，這一段是否可以瞭解？如果有點模模糊糊，仍不太清楚我在說什麼的話，想想看自己是不是也跟錢小姐的婆婆一樣，「怕丟臉」？但就如同我每天在診間問個案的一樣，我在這邊也問問各位：「為什麼會怕丟臉呢？丟臉究竟會造成什麼現實的傷害嗎？」捫心自問一下，如果感覺到困惑，或是有種說不出來的感覺，大概就比較瞭解我在敘述些什麼了。

我應對這個困境的心法就是，強大自己的自尊。

先用白話來說說我自己對於自尊（self-esteem）的理解：「瞭解與喜愛自己的程度」。我們常聽到，「某些人自尊很高」這樣的敘述，但這樣的敘述大概多少側寫了

某種心高氣傲，不願接受他人的想法，甚至是對與自己相左的意見表現出憤怒的狀況。事實上，這應該是「低自尊狀態（low self-esteem）」的一部分表現。所謂的低自尊狀態，我們大概會看到一個人「總是設下達到甚至超越自己能力極限的目標」、「總是拒絕相信自己的失敗與無能為力」。（要提醒大家，關鍵點在於「總是」。當一個行為模式已經形成的時候，則這個行為模式後面一定映射了一部分的人格特色，而非在其他行為模式進行中，誤打誤撞的變化。）這樣的狀況，我認為白話一點來說，就是不理解自己，甚至也不喜愛自己。不知如何覺得自己沒有價值，因此需要靠很多外在的成功，特別是社會價值觀所認知的成功，來對他人證明自己是有價值的。等到他人也認可這份成功的時候，也才會認為自己是有價值的。所以低自尊狀態越明顯的人，會過得越是辛苦。一個是他必須持續追求大部分人所可以認同的「成功」，如事業、收入等等可以量化的成就；一個是他身邊的人也必須認同這樣的成就是有價值的，最後他還得相信這樣的認同是真實的。任何一個環節沒有達到，都可能讓他陷入強烈的自我否定，並因此感到憤怒與沮喪，進而相信自己沒有價值、不會被喜愛。在這個地方，或許我們可以直觀的引導個案：「試著愛自己。」

有些個案在聽到這樣的引導之後，往往會開始替自己購買一些之前買不下手的奢侈品，也有人會安排一些高價且長時間的旅遊。但很多個案在開始做這些事情後，仍然對於自己生命中的困境感到痛苦，或是持續感受到人際關係所帶來的壓力。就像是有傷口的時候，我們要先試著清理傷口，而非只是上藥；這樣的狀況，我們或許可以理解個案開始試著彌補自己。雖然仍無法擺脫痛苦的來源，但個案已經開始相信自己可以不要持續的痛苦，來懲罰沒有做好的自己，而痛苦可以藉由別的方式來緩解。個案距離真正的愛自己，只剩下一小段距離。每個人愛自己的表現方式都不太一樣，但我相信，真正的「愛自己」，除了不贊同他人沒有原因的批評外，某個程度也含有「相信自己的生命是有意義的，而且每個人生命的意義都不盡相同。或許意義尚未明瞭，但可以等到明瞭時，再行前進」的中心思想。

更進一步的利用這個概念來面對自己生活的困境與衝突，並理解自己與他人爭執的當下，感到受傷與憤怒的關鍵點，往往不是爭執事情的對錯，而是感受到自己持續不斷堅持的人生規則被對方否定。但如上所說，每個人的生命意義都不盡相同，舉個實際的比方，如果相信每個人的生命意義都是不同的，就如同牛吃草、狼吃肉一般，兩者卻爭執於吃肉還是吃草好，那怎麼會有共識呢？如果我們看到這個例子，直覺的相信就讓他們各自過好各自的生活就好，「該怎麼樣，就怎麼樣」，又為何不這樣經營自己的生活呢？。

這個時候，又回到匱乏的觀點中解釋了。牛看到狼在吃肉，覺得十分過癮，所以那怕吃了拉肚子，都想跟著吃，當然怎麼吃怎麼不適應了。

回過來看前面對於自尊的敘述，「瞭解與喜愛自己的程度」。越是瞭解並相信自己，則越不會依靠他人的評語來瞭解自己，自然也就不畏懼他人的否定與否。如果我們瞭解自己內在的程度，就如同我們對著鏡子觀看自己外表那樣的清楚，則他人對自己的肯定或否定，也會如自己觀看鏡子裡的面容時，發現自己是否有皺紋那樣的清楚。進一步來說，他人對自己的評價，也只會剩下正確程度的差異而已，不會對生活有什麼重大的影響。從小到大，一直聽到的「以史為鏡，可以知興替；以人為鏡，可以知得失」，竊以為就是這個意思。

細細想想，他人的說法或許最大的功用，就只是讓我們參考是否在自己想像中的道路上。不管是停下來休息，看一下人生的風景，還是正在往某個重要的目標前進中，都是無妨的。

強健內在能力，找回安全感

上述這些心靈雞湯，我想大多數讀者大概都在各種場合看到不想看。在此僅提供兩個比較沒有系統性的方法，或許可以逐步增加大家強健內在的能力。

1. 大量閱讀哲學書籍，乃至於宗教性書籍。不管是哪種哲學，都會討論到人與這個世界的相處。我特別建議大家閱讀先秦時代的東方哲學書籍；優點有兩個，第一個是東方哲學重實踐，因此提出這些哲學的人與門徒們，都是身體力行去實踐這些哲學，書中所寫的都是原則，每個人都有與他人不同的方式。大家若對這些哲學如何在生活中實現與實現的結果為何感興趣，可以簡單地從歷史記載中找到相關的紀錄。第二個是，這些哲學的精神往往會有一些耳熟能詳的「名言錦句」流傳在生活中。對於尚不清楚或無法替自己的生活定下方向的人來說，利用這些名言錦句可以在某些關鍵時刻提醒自己與別人，自己的與眾不同不但有原因，而且是有其根本的。例如生活中，總會有人覺得「人生當以進取為目的，鬥爭為手段」，而且一直提醒甚至督促他人也要如此，那麼大家是否也可以在這個時候提一句：「上善若水，水善利萬物而不爭」，來提醒自己與他人，「你我只是人生觀的前提不同，道不同不相為謀」。進而可以嘗試用開放性的態度，來看待人我之間的不同與他人對自己的評價，更可以因此更瞭解自己與喜愛自己一點。在這部分的書籍，我想中庸、大學、道德經與莊子，都很值得一看。

2. 培養一個興趣。大家有沒有發現，玩物喪志跟終身志業，除了目的外，在整個行為模式來看，是沒有什麼太大的不同，一樣都是維持一個自己覺得需要，且必須持續投入時間與心力的活動，同時可以持續不斷的從結果中獲得強烈的滿足。更進一步的說，生活中若有一個自己擅長，且可以從中獲得滿足與愉快的活動，除了是一個可以維持愉快情緒的途徑外，更可以累積自信。在嗜好中突破，可以獲得成就感；而長年累月的維持投入這個嗜好，則象徵了某種毅力。這些都可以讓人維持對自我的正面信念，甚至更為直接的感受到「原來我也是可以做到這個地步的」，而對自己有更為正面的評價。

當然，菸酒等不良嗜好還是很不建議的。不過，最簡單可以開始的嗜好，大部分都跟感官上的滿足有關，例如聽音樂、看電影、美食等等。越是跟感官相關的滿足，往往會隨著熟悉而逐步降低感受到的強度，從這些活動中感到的滿足，也會逐步減低。也因此，發掘這些活動中的其他樂趣，也會是維持從這些嗜好中持續獲得滿足的重要事項。

我有一位友人對於品嘗咖啡十分著迷，各種的香氣、猜測咖啡豆烘培的時間等等，對他來說都是品嘗咖啡中的樂趣。這位友人曾對我說：「每杯咖啡都像是刮刮樂一樣，沒有喝下第一口，不會知道這杯咖啡會帶給你什麼感受。就算第一口十分驚艷，如果沒有保持耐心，等待它逐步降到室溫，你也不會知道會不會在最後一口，就不再驚艷了。」這段話，大概可以作為我上述說明的一個側寫。

通常身體力行了上述兩點後，會開始慢慢地對自己的生活有所感觸，甚至可以開始瞭解過去的困境，或許都來自於某些共通的堅持，乃至於某些角色的規則。這個時候，就可以試著援引上面的原則，想想這些堅持究竟來自於什麼樣的匱乏，而這些匱乏又與什麼樣的人生經驗相關。

我常舉的例子是，動物都會怕火，但為什麼會怕火？我們畏懼的不是火本身，而是灼傷曾經帶給我們的劇烈疼痛。這種肉體上的疼痛，形成某種情緒上的痛苦，讓我們藉由畏懼來避免再次受傷。有時候會聽到個案說自己對金錢沒有安全感，則要思考的是個案在生命歷程中，何時曾有缺乏金錢而受到傷害呢？當時的傷害又是什麼呢？

最後，試著去面對這樣的匱乏，理解這樣的匱乏，並且試著不被這樣的匱乏感所影響，清楚且理智的抵抗自己的慣性。若一開始會失敗也無妨，靜下心來，想想自己在想到或感覺到什麼的時候，決定順著自己的慣性前進。就這樣一步一步的逼近自己的匱乏感來源，過程中會因為感受到很多的「不得不」，而感到自己的無能為力。還記得我們一開頭說到，恐懼往往來自於兒時的無能為力，但我們不再是那個無能為力的狀態了。所以若是試著做些什麼來改變無能為力的感受時，確定做法不會傷害自己與他人，不妨試著違抗這種無能為力看看。除此之外，很多人在過程中會回憶起兒時愉快或不愉快的回憶，通常是零碎而不一定連貫的，不過應該都會跟這種匱乏感有關。不妨拿著紙筆做個紀錄，不管日後會不會翻閱都無妨，這個動作只是要讓我們更進一步的逼近這些無能為力的事件，進而瞭解我們不會在對類似的事件無能為力了。

特別要注意的是，無能為力與匱乏的連接，有時候不一定是依靠外在行為的改變，也可以透過內在的領悟來斷除。如有些人一直都很畏懼衝突，而無法拒絕他人，這種狀況或許跟原生家庭較為嚴厲的教育方式相關。我們可以鼓勵個案從試著表達自己與他人相左的意見開始，進而學著拒絕他人，最後則與個案討論不經意間的衝突、內心的變化。隨著衝突的程度開始變大，個案也會累積更多的成功經驗。另一種狀況是，當個案理解到自己的恐懼僅來自於兒時的印象時，嚴厲的態度已經不會對自己有更多的影響，也會突然不再那麼畏懼衝突。

各位讀者，是否也曾經感受到自己強烈沒有安全感的時候？這個時候通常是來自於什麼事件呢？還記得我們在小茹的例子之後，寫過的作業嗎？不妨再拿出來看看，角色的衝突是否牽涉到自己的某種匱乏？當時如果感覺到困難解決，除了尋求精神科醫師的協助外，也可以先試著從上述兩個做法開始，試著強健自我內在後，再重新來面對這部分的匱乏。若始終無法發現原因，且發現情緒有逐步惡化的狀況，加上認知功能的退步，還是要小心生理性因素造成的憂鬱或焦慮，建議帶著這些作業直接找精神科醫師討論，我想會是比較洽當而不至於拖延時間的做法。

第九章

身體力行——健康生活的幾個關鍵點

前面在解釋常見的困境時，有提供了幾個方法，我相信，這些方法除了可以幫助自己之外，萬一打算就醫，過程中的紀錄也可以幫助醫師更快的瞭解狀況。這裡我們試著更進一步的系統化，當面對壓力時我們可以做的事情。

記錄自己的身心狀況

詳實的記錄自己面對壓力時的身心狀況，關鍵點在於睡眠、飲食、體重，以及是否有其他身體不適。除了發作的時機外，程度與延續的時間也是重點。如果這些狀況並未隨著自己的努力改變而有所變化的話，就應該要就醫了。有很多個案往往會過度簡單化自己的狀況，並替自己的狀況找一個很簡單的原因。

個案連結到的原因往往五花八門，失眠是最常見的一個。但我再次提醒大家，睡眠往往是身心均衡與否的「結論」，而非原因。情緒壓力甚大時，大家應該都同意睡眠的狀況很容易出問題，但身體呢？大家可能都有重感冒的經驗。在重感冒的時候，整個人昏昏沉沉，疲倦異常，但就算躺上一整天，睡眠的狀況還是很不好。因為這個時候身體的狀況是不好的，所以也睡不好。如果憂鬱與焦慮已經影響身體的運作，開始出現明顯胸悶、心悸等問題，加上焦慮與憂鬱連帶的多夢等狀況，當然就更睡不好了。看到這邊，大家應該都可以同意，睡眠不佳非但不是憂鬱與焦慮的原因，反而可將睡眠的改善狀況當成是一個確認憂鬱與焦慮是否已經離自己而去的重要指標之一喔！

規律的生活

這五個字說來很簡單，但大多數人其實都會有實行上的困難。原因是現代生活娛樂眾多，就算整晚不睡都會有事情可做。甚至有人會更喜歡夜間的寧靜，可以更專心的做自己的事情。一名處於憂鬱或焦慮的個案，往往在每天的睡眠時間到來時，都感覺到自己面對一大挑戰，這種情況也連帶加深對於早點上床睡覺的抗拒。

我的建議是，請務必將「穩定的作息」當成生活中最重要的事情，那怕因此遲到或有其他生活的不便，都要理解這是必要的犧牲。這邊要細說一下，所謂的「穩定的作息」，並非按表操課的「九點洗澡，十點上床，十點十五分入睡，早上六點半起床」，而是「大約九點多洗個澡。洗完澡後，看點書，避免自己再受聲光刺激。通常約一個小時左右，感覺到自己身心逐步平靜下來後，就可以躺到床上睡覺了。如果覺得會有睡眠問題，不要硬撐，拉把椅子坐在床邊，看看書或是雜誌，等有睡意再試著上床睡覺。」

兩者的精神比較下來，大家應該比較能瞭解「按表操課」比較像是一種 SOP，而 SOP 就暗示這件事情可能會有壓力。但睡眠就跟呼吸一樣，理應是被總結出規則，並瞭解規則的意義，而非僅按照 SOP 來做。大家身邊往往有些朋友是一躺到床上就可以很快入睡的，正好可以說明這個觀點。

均衡的飲食

除了睡眠之外，規律的生活也包含了「定時定量的進食」。前面已經提過一些飲食的原則，這邊我們試著更進一步的說明一些常見的飲食原則後面的正面或負面影響。

首先，時常要提醒自己吃「平常不喜歡吃」的東西，對自己狀況有害的食物則盡可能不要攝取，有句諺語「you are what you eat」，正是這個意思。喝酒可能帶來的問題在前面章節已說了很多，除此之外，長期大量攝取咖啡因，在持續對交感神經的刺激下，身體也會形成容易感到焦慮的體質。在咖啡因戒斷的時候，也會容易對眼前的事物感到疲憊與倦怠。

而高熱量的食物，除了讓血糖波動幅度變大外，也容易造成胃食道逆流的狀況，進而造成心悸、胸悶、思考速度下降。相對一般清淡飲食來說，身體往往要耗損更多來清理這些食物帶來的代謝廢物，長期下來對於身體的健康更是有明顯的影響，自然情緒與自信等也會跟著有所下降。這些大大小小的狀況都會在生活中耗損身體，讓自己本來就處於壓力狀況下的身體進入「攝取垃圾食物→耗損→疲勞→攝取垃圾食物」的惡性循環中。

飲食的原則，只要上網應該都找得到，無非是「請吃粗加工的新鮮食物」、「高纖飲食」、「醣類比例降低」。對一般人來說，這些都無法讓人感受到感官的愉悅。還記得前面提到的快速衝高血糖所帶來的滿足感嗎？在開始改變飲食原則的初期，身體會自然的感到抗拒，因為身體的模式並沒有調整成「適合這樣進食的模式」。往往過了兩、三週後，才會開始感受到對身體的影響。

粗加工的新鮮食物可以讓身體攝取到最沒有流失的營養。舉個例子來說，維他命C在接觸到空氣後，幾分鐘內就會開始氧化，放越久，可以吃進肚子裡的就更少了，更別提把富含維他命C的水果打成果汁，能攝取進入身體的比例則是微乎其微。

維持高纖飲食與降低飲食中的醣類比例，則是為了讓身體早點感到飽足，也減低血糖波動的幅度帶來的昏沉感與煩躁。除此之外，還有「餓了就吃，不餓就停」的重要原則。身體的飢餓感與精神上的食慾，往往有其意義且互相呼應。如果發現自己吃飽了還是無法停止進食，或是餓了但吃不下去，這也往往暗示自己已經深受負向情緒的影響，得停下來檢視自己的狀況，甚至求助醫療專業了。飲食原則百百種，不過我自己大概統整了一下，大概就是上面那些。大家應該也耳熟能詳才是，所以，努力維持才是重點！

良好且持續的運動習慣

運動這件事情，就如同我前面提示的，先別在意強度，而以培養長時間且高頻率的運動為主。最簡單的運動，無非是走路與游泳。如果自覺強度不高，仍有運動傷害出現的話，建議先試著找復健醫學的專家瞭解一下，自己是否有姿勢上的問題，或先天不太適合的運動。當已經習慣運動之後，可以針對個人的狀況做出強度上的調整，但要試著間歇性的改變。例如說，男性更年期因為男性素的分泌情況改變，可以加強重量訓練來協助自己較平順的度過。也因此，原始瑜伽或許是一個可以持續保持的運動。

首先，瑜伽需要保持一些靜態的姿勢，這在運動上稱為等長運動。這類的運動，可以讓人在不增加太多心肺負擔的情況下，持續燃燒熱量，且讓身體維持在持續燃燒熱量，但不會過於耗竭的狀態。此外，因為瑜伽是利用關注自己的呼吸，來達成意識與身體的平衡，所以在關注自己呼吸的過程中，也可以讓大腦、身體與心靈都逐步的平靜下來，這對各種負向的情緒都會有療癒的效果。也因此，一開始可以先從培養運動的習慣開始，在更加瞭解自己的狀況後，加入其他重量訓練，乃至於配合各種運動器材。最後，讓自己的身心都靠著瑜伽逐步平靜下來。

特別的是，隨著越來越熟悉呼吸帶來的身心穩定，往往可以讓人在生活中不自主地維持這樣的呼吸方式，進而在感受到壓力的時候，也可以很快的緩解壓力帶來的情緒衝擊。

這裡我們來談一下心跳變異率。心跳變異率代表的是自律神經對於心跳的調節作用；通常自律神經調節心跳的能力會隨著年齡增大而下降，所以心跳變異率也會跟著下降。更深入的說，心跳變異率越高的人，代表副交感神經系統調節心跳的能力較好，身體在面對環境變化時的耐受度與回復速度往往也會越好。心跳變異率越低的人，在克服環境持續變化能力也會越差。藉此來回頭看我們的運動原則，先讓身體習慣高頻率但低強度的活動後，慢慢開始加入間歇性但稍高強度的重量訓練，長期下來會讓人在生活中充滿能量感。這部分的能量感再藉由傳統瑜伽的訓練，讓身體可以處於內心平靜，但維持在隨時可以動作的高能狀態。如此身心平合的狀態會讓人感到安定感，對於環境的變化也能較有信心的面對，進而讓人感到更加的安定，並持續的強大自己的價值感與信心。

不要害怕面對自己

上述幾個方法大概可以協助大家先進一步穩定自己的生活，並且應該可以解決大部分的問題。但最後也是最關鍵的一點是，「不要害怕面對自己」，就如同我們身體疼痛時，會自然的用各種姿勢或方法避免自己的疼痛。當我們感受到憂鬱與焦慮的時候，也需要我們直觀的面對，才能讓上面的做法發揮出最大的效果。

我常看到很多對身體健康產生嚴重焦慮的個案，因為從失眠到找不到原因的身體症狀而感到痛苦異常，那是因為這些痛苦讓個案以恐懼當成動力。從運動到吃素，甚至買了一堆健康食品來吃，大概能做的都做了，但卻忽略了自己對於健康的擔憂，才是這些不舒服的來源。當然，面對身體健康與否的焦慮，不一定是大家可以靠著上面的方法解決的，但不直觀的面對自己的恐懼，又怎麼會知道看似增進健康的每一個舉動，其實都一直再加強自己「我是不是做了這件事，就會再健康一點？萬一沒有，又該怎麼辦呢？」的強烈恐懼。

所以，再次提醒，不管是什麼方法，請務必要先面對自己，才能知道該做些什麼來幫助自己喔！

第十章

對抗「惡」人——不讓別人有意無意的用情緒勒索你

生活周遭總有些充滿負向情緒的人，他們可能是親屬、朋友、同事，乃至於最親愛的家人，那該如何與他們相處呢？

我們可以讓個案進行合併心理治療的社交技巧訓練，但也可以用一句話說完，「順從本心，溫和以待」。當大家嘗試使用本書中提示的各種方法時，應該會開始感覺到自己的內心漸趨穩定，也必較不會被自己的情緒或匱乏感牽著走。但現代人生活緊密，與我們相處最久的除了家人之外，還有同事及上司。接下來，我們就來看看面對這些人的時候，該如何自處，甚至是幫助對方。

面對他人的負向情緒，該如何自處？

在面對他人的負向情緒時，我們很容易帶入「如果我在你這種狀況下的話，會怎麼辦呢？」大體來說，大概都會是行動上的建議。如面對上司的責罵，我們可能會說出自己上次被罵之後的心情，與讓自己寬心的方法，例如運動、大吃一頓或向他人訴苦等等。但我們有時會發現，身邊的人總會有一、兩個比較悲觀，對於正面的見解通常會採取否定的態度，而且挫折忍受度不高。因為一般人不太可能經歷這種身心狀態，所以往往分享的經驗，對於正在感受負向情緒的人來說，可能會激起他更多的自我否定，甚至會讓自己處於遭受被動攻擊，進而關係緊繃的狀況。

可能的對白如下：

「我今天又被老闆罵了，我一定是做不來這份工作，才會天天被罵。」

「工作就是這樣啦，別想那麼多。我上次也是無緣無故的被老闆大罵，之後我就跑去大吃一頓，心情好多了。」

「反正我就是很沒用，你別再說了。而且老闆明明就比較喜歡你，還會請你喝咖啡。」

「請喝咖啡那天，大家都在啊，不是請我一個。那天中午是你說下午跑完業務就不回公司了，才沒有算你的份…」

「好啦好啦，反正我就能力差、運氣也差，才會來這家公司。要不是工作難找，我早就想離開這個鬼地方了。」

是不是有種「不知道該說些什麼」的感覺呢？其實這些對話當中，我們可以感受到有一方內心對自己與自己的相關的事物存有既定的否定與貶低，這個不會是「大吃一頓」、「運動」可以解決的。但這些人平常往往是很圓滑，甚至是團體中的甘草人物，除了本身喜歡交際外，多少也會出於某種害怕被團體排斥的心情。所以當團體的排斥可能成真的證據逐步出現時，這些恐懼才會出現。前面說到，憤怒的情緒往往是產生來阻止對事物負向的想像逐步成真的能量（也就是不確定感降低，接著能量感升高）。我們在這個當中可以做的事情，並不是持續的給予口頭上的安慰，而是陪伴。這裡的陪伴說的並不是降低自己的底線，甚至犧牲到自我生活步調的陪同，而是更中性且善意的「我很願意在不犧牲自己的生活步調的前提下，盡可能的幫忙」。

生活的步調中，我們的時間跟心力會被一些非做不可的事情所佔據，例如工作、重要但常規的社交活動，乃至於穩定內在的行為，像是上教堂、誦經、靜坐等等。其餘的時間與心力，則每個人都有自己的彈性模式來使用。我們可以陪伴失戀的朋友在外面喝到爛醉，半夜送他回家，甚至幫著他跟老闆或家人解釋他的狀況等等，忙上一整晚都有可能。或是公司突然有重大業務，幾乎所有人在幾週內每天都得工作十幾個小時，還會有人帶睡袋去公司。上面這種情緒或體力的壓榨，會讓我們感到十分的疲憊，而往往本能的抗拒這樣的活動。但讓我們可以持續的原因，是因為我們預測自己的投入不會維持太久，且每次還在我們時間及心力可以負荷的彈性範圍內。但如果是每週都這樣，且持續長達數個月，變成常規活動的時候，就會把我們的彈性吃掉，讓我們拒絕這種行為的本能表現得更加強大，進而變成阻抗，憤怒也就連帶出現了。

也因此，若與充滿負向情緒的同事相處，已經讓你開始擔心上班的時間將要到來，或是看到他走過來就開始心跳加速，那就代表你已經對於與這位同事相處感到恐懼了。

順從本心並非沒有底限，甚至犧牲自己的生活

所以原則上，我們要先試著「順從本心」。一般人都可以，甚至樂於在不過度犧牲自己生活的彈性下，幫助我們認為需要幫助的人，而可能因此感到滿足。但如果開始產生抗拒，代表這些幫助已經開始以犧牲自己生活彈性為代價。此時我們應該調整自己的步伐，反思是否在這些幫助上過度的投入。事實上，處理他人負向情緒的首要原則，應該是「避免自己成為對方負向情緒的唯一出口」。不管是變成浮木或是出氣筒，往往代表自己已經肩負太多他人的情緒。所以，當面對身邊的人有情緒時，我們要先理解自己的狀況是否可以承受這樣的情緒，可以的話，我們才能先試著傾聽，並試著理解對方情緒的狀況。有了理解與被理解的默契，陪伴才會有力量。就如同一個孩子在看了恐怖故事或恐怖片時，在房間裡恐懼到無法入睡。但如果此時聽見父母親在門外聊天的聲音，就可以迅速的感到安心，且快速的入眠，因為孩子理解父母會保護自己，所以這樣的陪伴才有力量。成人也是如此，只是成人的世界中，人與人的距離太過遙遠，如果不是關係特別的人，不適合太過深入對方的內心世界。

在順從本心這件事情上，我們可以先想想自己生活的步調，大概已經佔掉自己多少的心力，自己的個性允許自己在持續的前題下可以靠近這些人的程度。最後會有一套自己的標準，請努力的保持住。請記得，一定程度的理智與距離，其實是讓自己不要耗竭，並進而可以繼續與對方保持關係不變的重要關鍵點。

但當我們使用這種模式時，一開始我們可能會聽到「別裝了，沒誠意就別當朋友」、「不夠意思，你上次狀況不好的時候，我還對你掏心掏肺的」等等充滿操弄與被動攻擊的話語。此時先別慌，第二個原則就要上場了：「溫柔以待」。使用中性但溫和的語句，說明自己的前提與可以幫忙的部分。若對方充滿憤怒，則告知到這個地方就可以了。

但往往困難的是，當感受到自己的底線快被對方的說詞突破時，會陷於進退兩難的窘境。此時請靜下心來感受一下自己的情緒，如果真的已經充滿不情願，卻又有種不得不的感受時，就應該考慮「尋求專業」這個選項，來讓對方穩定且減輕自己的負擔。我認為這是最重要的原則，「勇敢地承認自己只能做到這個地步」。不管是上司無理的要求，甚至是毫無意義的貶低，乃至於同事或朋友的情緒勒索等等，都應該套用這樣的原則。常聽到有個案提及自己在聽到「某某某可以，為什麼你不行」、「以前可以，為什麼這次不行」，甚至是「怎麼會這麼沒用，連這都做不好」的時候，會產生強烈的自我懷疑與貶低。此時，我通常會跟個案一起思考這些話後面的動機。最後的結論，不外乎是希望個案可以做到自己希望的目標。再進一步的思考，這些目標後面是否隱藏了某些超出界線的要求，而用這種訴諸情緒的方式來讓個案不去思考合理與否，只剩下達成目標來解脫這些話語帶來的負向情緒。如果已經理解上述的概念，但仍然不知道為什麼自己還是會因為這些話感到痛苦異常，而非得照著去做不可的話，就會建議是否進行一段時間的心理治療，來確認這種「不得不」是否與自己的某種匱乏之感有關。

話雖如此，如果覺得自己或身邊的人的狀況已經很接近本書前面提到的例子，還是建議先找精神科醫師討論一下狀況，確認是否已經有了一些情緒疾患。如果有的話，則還是建議先從藥物開始，其原因很簡單，改善負向情緒速度最快的就是藥物。等到藥物開始產生作用，負向情緒減低，不管對誰，都可以更加輕鬆，且更聚焦在需要被協助的地方，甚至可以發現更為深處的的匱乏之感，進而引入心理治療也未嘗不可。

若對方充滿攻擊性，甚至拒絕他人不能以他不認可的方式協助他，則這種行為可能來自於情緒勒索與背後的恐懼被排斥，或是一種權力的宣示。但不管是哪種，建議非專業的大家就好好的想好自己能幫忙的底線，並停留在「我也只能這樣幫忙你，如果你覺得這樣可以幫上你的忙，我很願意去做」、「我能做的不多，希望你能體諒。但如果是在我所說的範圍內，我很樂意幫忙」，這樣就好。

六步驟教你擺脫情緒勒索

在前面家庭關係的章節中，「錢小姐」的例子就是情緒勒索的常見情況。文中我們曾經提及上司對下屬的勒索，當時說到情緒勒索的關鍵點在於「關係破裂的可能性」。當一個人以任何方式對另一個人做出「都是你的緣故，讓我們之間的關係瀕臨或可能破裂」，就有可能帶有情緒勒索的成分，只是在於彼此有沒有意識到，與怎麼看待這樣的勒索。清楚點的說，一方以「關係可能破裂或變質」作為人質，要求對方支付「順從己意」作為贖金。應對的原則，其實也就如上述所說，先想清楚自己的界限，清楚的說明這個界線，並在界線內說到做到，在界線外就一律拒絕。這個時候可能會遭受到對方的抵抗，而這樣的抵抗最常見的大概就是貶低對方，例如「不孝」、「不體貼」、「沒出息」、「你不愛我」、「不夠朋友」等等。

面對這樣的說詞，該如何應對呢？

步驟1. 先遠離衝突，但在遠離之前，請務必要清楚告訴對方。「再這樣下去，勢必會讓彼此的情分越來越薄，所以得先終止這個爭執。等彼此都冷靜一點，一段時間後，我們再討論。」看出來了嗎？我們所要傳遞的訊息是「堅守底線，但不會因為這樣就切斷了這段關係。」切記，絕對不可以就此放著這個事件不管，最晚兩三天內，就一定要重啟這個對談。

如果事件特殊，則可以跟對方約定十五分鐘內的間隔，希望彼此都可以冷靜一點，再重新開啟。當然，如果對方又出現操弄或勒索的行為，就再一次終止這個對談，等到再次覺得雙方都可以平靜的對談時，再次開始。若還是不行，就再次這個循環。這個階段的作法應該是有彈性的。特別是職場上遇到的操弄，更是記得不要因為這樣就超過自己原來預計的下班時間，這也是堅守底線的一種。

步驟2. 當可以平心靜氣的討論時，可以先回到上面的議題，試著不帶情感的就事論事，解決上面的議題。

步驟3. 接下來的重頭戲是，運用本書前面說到的技巧，清楚說明自己在第一次的衝突時內心的感受。重點不在於這些感受有多麼細膩，而在於讓對方知道這樣的作法，是有可能傷害自己的。

步驟4. 通常隨著自我揭露的程度越深，往往代表自我揭露的那一方越重視另一方。一般來說，我們不會隨意對他人提及自己的往事，甚至會將此種行為視為是對自己的侵犯。但往往會跟親近的朋友「茶餘飯後話當年」，且把這種彼此的自我揭露當成是關係深厚的象徵。所以，當我們很清楚地說明了自己的在這件事情中的感受，除了希望對方可以不再用這種方式來跟自己相處外，也會傳遞出「我很重視你」的訊息。這往往是對方希望藉由操弄得到的結果。

步驟5. 所以，當對方不用試著操弄，也會感受到自己被重視，則他在關係中的安全感應該就會逐步上升到不需要用「情緒勒索」的方式。

步驟6. 如果對方在之後的相處中，依舊故我，那這段關係改變的可能性就不算大了。有可能對方只能用這種方式來處理內心的不安；抑或是不那麼在意是否會傷害到你。

以上，大概是遇到情緒勒索類型的操弄，我們可以試著進行的做法。記得，堅守底線並不是為了傷害對方，而是為了讓關係可以繼續維持下去。當內心如此相信的時候，也會傳遞這樣的意念給對方，即便最後關係真的破裂，也可以無愧於心了。

結語

我們花了很多的篇幅，試著讓大家瞭解規則的外在形成過程，與群體的順暢運作有關。但個體堅持規則的原因，則往往與個體本身的生命歷程，特別是感到某種匱乏的經驗相關。只要需要扮演某個角色，我們就必須持續維持某些規則被遵守，或者說「照著某個人物設定」來生活。而本書的主題——憂鬱與焦慮，其實就是人在這個狀況下會有的心理與生理的變化。

在一開始，我就簡單說到了一個生理與心理互相影響的惡性循環。在此，我們在閱讀完整本書籍，對情緒的形成有個大略的印象後，可以更清楚的來說明這個惡性循環為何。以女性的產後憂鬱為例，個案先經歷身體的劇烈變化，特別是生殖系統的內分泌變化，接著影響到大腦的內分泌系統。接著大腦解讀事件影響程度的機制也跟著出問題，導致個案在遇到大大小小的事件後，負向情緒的強度會比原來應有的強度大很多，讓本來不足以對個案形成壓力的事件也逐步變得可以影響個案（這段過程中，也會發現個案的認知功能受到影響）。因應這個情緒記憶，個案開始本能的抗拒面對這些壓力事件，並可能因此貶低自我。越是貶低自我，個案的情緒更加低落，又進一步的影響到大腦的壓力相關機制，而開始一輪的惡性循環。最後連大腦的腦區都有所萎縮，情緒也十分惡劣，卻不知道為什麼會這樣。

所以，不管是藥物的使用也好，還是心理治療也好，都是在試著打破這個惡性循環。當藥物開始有效的時候，大腦的壓力處理機制會回到比較一般的工作狀況。對於反映各種事件的情緒強度，慢慢也會回到比較合理的狀況。大腦其他的結構通常會在接下來幾個月內逐步復甦，從這個時候開始，對於情緒記憶與自我評估也會有比較正向的影響。這時，如果可以在自我印象的評估上，加入心理治療來引導個案，試著分辨從發病之後的生活事件，被症狀影響的程度有多少，進而減低負向情緒記憶對於日後行為的影響，也會對回復有加速的作用。

如果可以順利達成上述的狀況，循環就會變成「服藥之後，大腦開始穩定，對於判讀事件的壓力指數與相關的情緒強度，開始回歸原始的標準。接下來，對自我印象的評估開始正向。隨著情緒記憶的逐步正向化與本身可承受度增加，此消彼長之下，個案大腦可以更加輕鬆的工作，對於事件帶來的壓力與情緒，也變得更容易承受」。這個時候，原來的惡性循環會轉變成一個良性循環。

要提醒大家的是，如果已經出現明顯的認知功能問題，往往暗示大腦的狀況已經不是很好了。這個時候單純的心理治療，效果是不會太好的。舉例來說，對於憂鬱的治療，藥物治療加上認知治療有效的比例會高於單純使用藥物治療；但單純使用藥物治療的有效比例，又會高於單純做認知治療的效果。再請大家回想，本書前半段說到，憂鬱跟焦慮，其實都跟大腦的健康與否有絕對的關係。再看看上述的循環，大家應該可以理解為何我要花很多的篇幅，來試著說明主觀感受下的憂鬱與焦慮，往往帶著大腦實質的變化。要協助認知與情緒的改善，得先確定掌控認知與情緒的大腦是有能力進行這樣的改善的，不是嗎？

文末，我提醒各位，人的身體在某種程度上，遵循「用進廢退」的原則。我們會看到有些揉麵師傅的右手比左手粗很多，單車選手的兩腿不一樣發達。大腦也是如此，所以如果反覆發作憂鬱或焦慮的狀況，也會催使這些相關的腦區更加發達，更容易引發下次的發作。除此之外，焦慮及憂鬱也與心血管疾病和大腦疾病在流行病學上有顯著的相關。但如果我們可以一直維持著穩定的情緒，乃至於常常可以感受到正向的情緒與信念，則相關的腦區也會因此而發達，讓我們更容易保持這些正向的情緒，更可以協助維持身體其他系統的健康。

月有陰晴圓缺，人有旦夕禍福。身為一個精神科醫師，早已習慣維持某種中性，而不要過度樂觀或悲觀。但我在此樂觀的希望，這本書可以讓大家在面臨情緒困境的時候，不要再手足無措，有武器可以保護自己。若真的有某些力有不逮的地方，我相信每位精神科專科醫師都會很樂意的協助大家度過困境，大家不要吝於求助喔！

書中的內容，有最新版的教科書揭示的研究前沿，也有上個世紀的經典閱讀之後的心得。雖說都是我在治療個案中，會直接或間接使用到的工具與武器，但這些概念往往每隔幾年就會有更新的研究結論出現，甚至推翻舊有的概念。但我相信，隨著我們不停的追求更加了解自己的內在，對於情緒的浪潮起伏，也自然更加從容不迫的面對，而不會在這場跟負向情緒的對抗中落於下風。

台灣廣廈國際出版集團
Taiwan Mansion International Group

國家圖書館出版品預行編目（CIP）資料

情緒停看聽 / 郭信麟著.
-- 初版. -- 新北市：財經傳訊出版社, 2021.12
面；　公分＿（sense64）
ISBN 978-626-95056-5-4(平裝)

1. 情緒管理

176.52　　110018195

財經傳訊 TIME & MONEY

情緒停看聽

作　　者／郭信麟
編輯中心／第五編輯室
編 輯 長／方宗廉
封面設計／張天薪
製版・印刷・裝訂／東豪・弼聖・秉成

行企研發中心總監／陳冠蒨
媒體公關組／陳柔彣
綜合行政組／何欣穎

發 行 人／江媛珍
法 律 顧 問／第一國際法律事務所 余淑杏律師・北辰著作權事務所 蕭雄淋律師
出　　版／台灣廣廈有聲圖書有限公司
地址：新北市235中和區中山路二段359巷7號2樓
電話：（886）2-2225-5777・傳真：（886）2-2225-8052

代理印務・全球總經銷／知遠文化事業有限公司
地址：新北市222深坑區北深路三段155巷25號5樓
電話：（886）2-2664-8800・傳真：（886）2-2664-8801
郵 政 劃 撥／劃撥帳號：18836722
劃撥戶名：知遠文化事業有限公司（※單次購書金額未達1000元，請另付70元郵資。）

■出版日期：2021年12月
ISBN：978-626-95056-5-4